KB181045

금융 문맹 탈출을 위한 경제 이야기

Don't
Study?

청소년
돈 스터디

서지원 지음

No!
돈 스터디!

책담

돈에 이끌려 다니지 않기 위하여

돈에 대해 모르는 사람은 없다. 돈을 싫어하는 사람도 없다. 그러나 돈에 대해 정확하게 잘 아는 사람은 그다지 많지 않은 듯하다. 글을 모르는 사람을 문맹이라고 부르듯 돈을 잘 모르는 사람은 금융맹이라고 부른다. 미국 연방준비제도이사회 의장이었던 앨런 그린스펀이 자주 사용했던 말이다.

전문가들은 우리나라의 금융맹률이 아주 높은 편이라고 말한다. 학교에서 수학, 과학, 영어를 가르치는 수준의 절반만이라도 돈(금융)에 대해 가르쳐야 한다고 나는 생각한다. 그렇다면 우리나라의 금융맹률은 지금처럼 낮지 않을 것이며, 집안 재산을 다 써 버리는 패가망신도 줄어들 것이다.

돈은 이제 생존에 필수적인 것이 되었다. 그래서 돈에 대한 공부는 더욱 중요해지고 있다. 돈(금융)을 배운다는 것은 부자가 되는 법을 배우는 게 아니다. 금융을 제대로 이용하고, 돈을 잘 관리하며, 합리적으로 소비해서, 위기에 빠지지 않는 법을 배우는 것이다. 경기가 좋다고 해서, 사람들이 돈을 잘 번다고 해서 금융맹이 줄어드는 것은 아니다.

'행복과 돈은 어떤 관계일까?'

이 책을 쓰는 내내 그런 생각이 머릿속을 맴돌았다. 누구나 부자가 되고 싶어 한다. 죽을 때까지 다 쓰지 못할 정도로 돈이 있는 부자도 돈을 더 가지려고 한다. 하지만 부자가 되는 건 결코 쉬운 일이 아니다. 그리고 부자가 되려고 지나치게 목적 중심으로 산다면, 행복을 갉아먹게 되고 주변에 좋은 사람은 남아 있지 않을 것이다. 우리나라는 사회 양극화가 도를 넘어서고 있다. 부자는 더 부자가 되고, 가난한 사람은 더 가난해지고 있다. 1%의 부자들에 대해 99%의 국민들이 분노하고 있다. 그 이유는 1%의 부자들이 99% 국민들의 땀과 희생을 통해 부자가 되었기 때문이다. 어떤 부자도 자기 혼자의 힘으로 부자가 된 것이 아니라는 사실을 알아야 한다. 그러므로 부자는 사회적인 책임과 의무를 지키면서 자신의 부를 다른 사람들과 적극적으로 나누어야 한다.

이 책은 돈에 대해 보다 넓은 상식과 보다 논리적인 사고를 위해 썼다. 불로 소득, 노력 없이 얻는 금수저들의 수익보다 열심히 일한 노동의 대가로 받은 돈은 얼마나 신성한 것인가. 그런 기쁨을 아는 사람이야말로 진정한 돈의 지배자가 아닐는지.

서지원

차례

돈에 대한 궁금증

요즘 사람들은 직장을 돈벌이 수단으로 생각하는 경우가 많아.

그런데 그런 생각으로 일하면 과연 일할 맛이 날까? 많은 직장인들의 바람은

'일은 하기 싫지만 돈은 많았으면 좋겠다'는 거야. 대체 돈이 뭔데

모든 사람들이 '제발 많았으면 좋겠어!'라고 바라는 걸까?

돈이란 무엇일까?

요즘 직장인들의 로망은 '돈 많은 백수'

예술의 전당에서 직장인들의 로망 담은 재미있는 전시회 열려!

최근 일하기 싫어하는 직장인들의 로망을 표현한 재미있는 전시
회가 열려 관심을 모으고 있다. 전시회의 제목은 '돈 많은 백수가
되고 싶다 展'.
직장에 얽매여 맘대로 쉬지 못하는 직장인들에게 잠깐 동안의 힐
링과 재미를 주는 전시회이다. 작가는 직장인들의 애환과 바람을
풍자와 위트로 표현하고 싶다고 밝혔다. 　2017년 12월 문화 뉴스

돈 많은 백수가 얼마나 간절했으면 이런 전시회가 등장했을까?

나도 돈 많은 백수나 되면 좋겠다!

 학교도 졸업 안 했는데 백수가 되고 싶다고?

학교를 졸업하면 직장에 들어가서 엄청 일해야 할 거잖아요.

저 직장인들의 모습이 곧 제 미래의 모습이나 마찬가지죠.

월급은 그저 통장을 스치고 지나가는 거고,

사람들은 월급을 채워 넣기 위해 일하는 기계라고 한다니까요.

너희 말대로 요즘 사람들은 직장을 돈벌이 수단으로 생각하는 경우가 많아. 그런데 그런 생각으로 일하면 과연 일할 맛이 날까? 직장을 그저 돈을 벌기 위해 억지로 가야 하는 곳으로만 여기면 얼마나 가기 싫겠어. 그러니 직장인들이 백수를 꿈꾼다는 게 이해가 돼.

그런데 직장인들이 바라는 백수는 그저 일을 안 하고 놀기만 하는 사람이 아니라는 게 문제지. '일은 하기 싫지만 돈은 많았으면 좋겠다'는 게 직장인들의 바람이야.

대체 돈이 뭔데 모든 사람들이 '제발 많았으면 좋겠어!'라고 바라는 걸까? 돈이 무엇인지 한 번쯤 생각해 보았으면 해. 그러려면 먼저 돈이 갖고 있는 속성과 특징부터 잘 알아야겠지.

물건의 가치를 알려 주는 돈

시장은 무얼 하는 곳일까? 바로 물건이나 서비스를 거래하는 곳이지. 시장에서는 돈만 있으면 필요한 물건이나 서비스를 구할 수 있어. 하지만 꼭 지켜야 할 한 가지 규칙이 있지. 바로 기브 앤 테이크를 해야 한다는 거야. 내가 얻고 싶은 걸 얻으려면 뭔가 지불해야 한다는 말이지.

이건 돈이 생기기 전에도 마찬가지였어. 돈이 널리 퍼지기 전 사람들은 시장에 갈 때 무엇인가를 많이 들고 나가야 했지. 필요한 물건을 가지려면 내가 갖고 있는 물건과 바꾸어야 했거든.

사람들은 자신이 가져온 물건을 갖고 싶은 물건과 바꿀 수 있을 때까지 시장을 헤매고 다녀야만 했어. 그런데 항상 같은 물건을 가져가더라도 어느 날은 호박 한 개와, 다른 날은 수박 한 개와 바꿀 수 있었어. 계란 한 꾸러미가 어느 날은 쌀 반 말이 되기도 하고, 또 다른 날은 호박 한 개가 되기도 하는 거지. 그러니 시장만 갔다 오면 집집마다 싸움이 끊이지 않았겠지?

어떤 사람은 자기가 가진 물건보다 더 좋은 물건을 바꾸기 위해서 기웃거리며 시장을 돌아다녔을 테지. 이런 사람이 늘어날수록 시장에서 물건을 바꾸는 일은 어려워졌을 거야. 바로 이때 등장한 것이 '돈'이야.

돈이 등장하자 사람들의 불편은 단번에 해결되었어. 돈이 생긴 덕분에 매번 바뀌는 물건의 가치가 일정하게 유지될 수 있었거든.

생각해 봐. 수박 한 개의 값을 호박 두 개나 계란 한 꾸러미로 표현하는 것보다 15000원으로 표현하는 것이 얼마나 깔끔하니! 이때부터 돈은 시장에서 물건의 가치를 알려 주는 기준 역할을 담당하게 되었지.

세상에는 여러 형태의 돈이 있고 사람들은 돈을 이용해 물건의 가치를 세분해서 표현하지. 돈을 잣대로 물건 값이 정해지면, 비교가 불가능해 보이는 물건이라도 서로 가치를 비교할 수 있어. 돈으로 환산된 값만 비교하면 되거든. 시장에서는 구하기 어렵고, 많은 사람이 원하는 물건일수록 인기가 높아졌고, 이런 물건들은 가격이 높게 정해진 덕분에 자연스럽게 비싼 물건이 됐지. 그래, 이렇게 물건에 가치라는 게 생기기 시작한 거야!

아하, 돈이 생기니까 물건과 물건을 맞바꾸는 대신
돈으로 물건을 살 수 있게 된 거로군요?

물건 값이 정해져 있으니까 물건을 무겁게 짊어지고
시장에 갈 필요가 없어서 엄청 편해졌겠네요.

교환 수단은 돈의 가장 중요한 역할로 꼽힌단다. 돈은 다른 무엇인가와 바꿀 수 있는 증표이자 도구이지. 물건을 갖고 있던 사람은 물건 대신 돈을 받고, 돈은 물건만큼의 가치를 인정받게 됐어.

게다가 사람들은 원하는 물건이나 서비스를 얻기 위해 더 이상 자신의 물건을 내놓을 필요가 없고, 그에 합당한 돈만 지불하면 되니 얼마나 편리해졌겠어!

보관에 편리한 돈

몇백 년 전만 해도 집에 비단이나 쌀을 많이 갖고 있는 사람을 부자라고 생각했어. 돈이 없으니까 눈에 보이는 물건으로 그 사람의 부를 예측해 볼 수 있었지. 만석꾼이라는 말 들어 봤니? '곡식을 만 섬이나 거두어들일 만큼 논밭이 많은 부자'라는 뜻이야. 그래서 만석꾼이라고 하면 큰 부자를 말하지. 옛날에는 '만석꾼', '천석꾼'처럼 물건을 이용해 부의 기준을 가늠했단다.

하지만 돈이 등장하면서 사람들은 쌀이나 비단 대신 돈을 많이 갖고 있는 사람을 부자로 생각하게 되었단다. 돈의 가치가 시장에서 인정되자 물건이 없어도 돈을 갖고 있으면 물건을 갖고 있는 것과 똑같다는 것을 알게 된 거지.

돈이 생기면서 편리해진 점이 또 하나 있어. 바로 넓은 공간이나 통풍이 잘 되는 장소를 준비할 필요가 없다는 것이란다.

생각해 보렴. 물건은 잘못 보관하면 썩거나 곰팡이가 나고 벌레가 생기는 등 상태가 나빠져 값어치가 떨어지기도 하고 쓸모없어지기도 할 거야. 물건을 좋은 상태로 오래 보관하기 위해 신경 써야 할 것이 많았겠지. 하지만 돈은 물건을 보관하는 것에 비해 훨씬 적은 공간을 차지하고 적은 노력을 들여도 되니 얼마나 편리했겠어!

돈이 생기면서부터 사람들의 생활이 몰라보게 편리해진 거로군요!

 그렇지. 돈은 대체로 금속이나 종이로 되어 있어서 썩지도 않고
부피도 작잖아. 물건에 비하면 정말 간편해졌지.

오, 돈에게 감사해야겠는데요?

돈은 어떻게
얻을 수 있을까?

대한민국의 관심은 온통 돈
노령화되면서 노인들의 안정된 수입이 절실한 상황

한국 사회가 빠르게 고령화되면서 노년 계층의 안정된 수입 방법
에 대한 관심이 높아지고 있다. 독일을 비롯해 미국, 영국 등 선진
국에서는 공적, 사적 연금이 그 기능을 담당하고 있다.
우리나라는 국민 연금이 노인층에서 필요로 하는 수입을 대체하
기에는 아직 부족한 상황이다. 더욱이 초저금리 시대가 이어지면
서 노년 계층의 주 수입원인 이자 수익이 크게 줄고 있는 실정이다.

2018년 경제 뉴스

알라딘의 요술 램프가 떠오르는 영화 '매직 티팟'을 보면
젊은 남녀가 우연히 마법 주전자를 얻게 돼. 그런데 이 주전자는
자신의 몸을 아프게 하면 안에서 돈이 쏟아져 나온단다.

돈이 생긴다면 잠깐의 고통은 참을 수 있을 것 같아요.
아픈 건 시간이 지나면 다시 회복되니까.

 영화 속 주인공은 더 많은 돈을 얻기 위해 점점 몸을 망가뜨리고,
매직 티팟의 저주에 빠지게 돼.

사람은 노동의 대가로 돈을 얻어. 나의 몸을 움직이거나 생각,
노력을 제공하는 대신 고용주로부터 돈을 받는 거란다.

아, 물론 일을 하지 않아도 큰돈이 생길 수도 있어. 복권에 당첨
된다면 갑자기 돈이 생길 수도 있겠지만 그럴 가능성은 아주 희박
하기 때문에 사람들은 부지런히 일하고, 돈을 버는 거란다.

돈을 불리는 다양한 방법

돈은 직업과 밀접한 관계를 맺고 있어. 다양한 직업 활동을 통해
사람들은 돈을 얻고, 돈을 이용해 생활해 가기 때문이야.

우리나라에는 약 1만 2000개 이상의 직업이 있으며 자신의 능

력과 수준에 맞는 직업을 선택해 활동하고 있단다.

직업 활동을 통해 일정 수준의 돈이 모이게 되면 그 돈을 이용해 돈을 벌 수 있어. 이렇게 투자를 위해 모은 돈을 보통 '종잣돈'이라 부른단다. 종잣돈이 마련되면 이것을 이용해 돈을 불릴 수 있어. 종잣돈을 은행에 저축하거나 주식이나 채권에 투자를 할 수도 있지.

은행에 돈을 맡긴 다음 이자를 얻는 저축은 원금을 지킬 수 있는 안전한 방법이지만 이익은 적은 편이란다. 주식, 채권 등의 투자는 높은 수익을 얻을 수 있지만 잘못된 선택을 했을 경우 원금을 손해 볼 수 있지.

그러니까 결국 돈이 스스로 불어나는 것이 아니라 돈을 갖고 있는 사람이 열심히 공부해 손해를 보지 않도록 운영해야 한다는 결론에 도달하게 되지.

돈을 불리는 또 다른 수단으로는 기존의 것에 가치를 더해 더 높은 수익을 창출하는 방법이 있어. 이미 세상에 널리 퍼져 있는 흔한 물건에 내가 갖고 있는 기술과 생각을 더해 새로운 물건을 만드는 거란다. 유행이 지난 헌 옷을 리폼해 새롭게 만들거나 사진을 결합한 물건을 만드는 것이 대표적인 예이지. 예전에는 전문 등산가들을 위한 비싼 옷에만 사용되던 방풍, 방수 기능이 요즘은 레저용 일반 옷에도 많이 적용되어 인기를 끌고 있잖니. 물론 가격도 더 비싸졌고 말이야.

태어날 때 정해지는 금수저, 흙수저

지난 2017년 한 매체에서 실시한 재미있는 조사가 떠오르는구나. 그 조사의 질문은 1억 원 이상의 주식을 갖고 있는 미성년자가 몇 명이나 될까라는 것이었지. 금수저, 흙수저가 사회적 문제로 떠오른 상황이라 사람들의 관심이 집중되었단다.

조사 결과는 놀라웠어. 어땠을 것 같아? 1억 원 이상의 주식을 갖고 있는 미성년자 수가 100명이 넘었어. 그런데 더 놀라운 것은 2018년 통계야. 1억 원 이상의 주식을 갖고 있는 미성년자 수가 1356명, 10억 이상도 13명이나 되었어. 만 18세 이하인 미성년자가 가진 상장 주식의 시가 총액이 2조 300억 원이라고 하는데 어느 정도의 돈인지 가늠도 안 되지?

대부분의 사람들은 직업이나 다른 사회적 활동을 통해 돈을 얻지. 하지만 사회 활동을 시작하기도 전에 이미 많은 돈을 갖고 있는 사람들도 있어. 부모의 직업이나 부를 물려받은 사람들로 보통 금수저, 은수저라고 부르지.

금수저, 은수저는 수저의 재질에 빗대어 태어났을 때의 경제 상황을 비유한 용어인데, 그냥 생겨난 말이 아니란다. 유럽 귀족들은 은식기를 사용했는데, 아기 이유식을 은수저로 떠먹였다는 데서 유래된 말이거든.

청년 실업과 부채 문제가 심각한 사회 문제로 떠오른 요즘 '금수저'라는 단어는 사람들의 관심을 모으는 키워드가 됐지.

다이아몬드 수저, 금수저, 은수저, 나무수저, 흙수저 등
상황에 따라 별별 수저들이 다 있던데……

대학 때부터 학자금 대출로 시작하는 학생들도 많대요.
자신의 능력으로 대출금을 갚아 나가는 사람들을
흙수저라고 하더라고요.

 금수저의 자식이라고 해서 반드시 금수저가 되는 건 아니란다.

모든 사람들이 자식에게 자신의 부와 명성을 그대로 물려주지

는 않아. 오스트레일리아의 투자가인 터크웰은 억만 장자이지만 그는 자녀에게 유산을 주는 대신 대학에 기부하기로 했지. 터크웰은 유산을 주지 않는 것이 자녀의 삶에 도움이 될 것이라고 생각했거든. 스스로 성취하고 이루어 내지 못하면 현대 사회에서 살아남기 어렵다고 봤던 거야. 터크웰은 자식에게 재산을 물려주는 것이 오히려 노력할 기회를 박탈하는 것이라고 생각했어. 그래서 그의 자식들은 큰 부자로 태어났지만 스스로 노력하며 살아야 했지.

하지만 자신이 만든 재산과 명성을 자식에게 그대로 물려주는 것이 자식을 위하는 길이라 생각하는 사람들이 많긴 하지.

돈의 지배자라 불리는 워런 버핏은 이렇게 말했단다.

"재산을 물려주면 자식을 망친다."

과연 자식에게 도움을 주는 부모의 태도는 어떤 걸까?

돈은 왜
벌어야 할까?

14억 중국을 감동시킨 막노동꾼 소년
아픈 동생을 위해 매일 11시간 이상 일하는 소년

중국의 한 매체는 아픈 동생을 위해 매일 저녁 일하는 16세 소년의 이야기를 소개했다. 소년의 부모는 어려운 가정 형편에도 불구하고 공부를 잘했던 아들을 집에서 멀리 떨어진 명문 중학교로 유학을 보냈다. 2년 전 여동생이 급성 백혈병을 앓자, 소년은 여동생의 병원비를 마련하기 위해 돈을 벌기로 결심했다. 매일 방과 후 4시부터 새벽까지 11시간 동안 막노동을 해 돈을 모은 아들을 보며, 소년의 부모는 안타까운 마음을 감추지 못했다. 2018년 세계 뉴스

중학교를 다니면서 돈을 모으다니!
사람은 왜 이렇게 평생 돈을 벌며 살아야 하는 걸까요?

사람들을 보면 어떨 때는 마치
돈을 벌기 위해 살고 있는 것 같은 생각이 들어요.

사람마다 각자 다른 이유가 있겠지만, 돈을 버는 가장 큰 이유는 살아가기 위해서란다. 사람이 생명을 유지하고 사회에서 살아남기 위해서는 많은 것들이 필요해. 잠을 자고 쉴 수 있는 집과 몸을 보호해 줄 옷, 생명을 유지시킬 음식을 얻으려면 돈이 있어야 하지.

돈을 버는 여섯 가지 이유

돈을 버는 가장 첫 번째 이유가 살기 위해서라고 했지? 이렇게 기본적인 욕구가 해결되면 사람들은 조금 더 높은 차원의 욕구가 생겨. 예쁜 옷을 입고 싶고, 더 맛있는 것을 먹고 싶어지지. 어떤 사람은 1년에 한 번 세계 여행을 가기 위해 돈을 모으기도 해. 그래, 사람이 돈을 버는 까닭은 생명 유지를 넘어서 행복을 추구하기 위해서이기도 해.

어떤 사람은 사회 속에 내가 존재한다는 것을 증명하기 위해 돈을 벌어. 돈을 번다는 것은 사회 안에서 직업을 갖고 있으며, 다른 사람과 관계를 맺고 있다는 것을 뜻하기도 하거든. 이때 돈은 목적이 아니라 수단이며, 직업 자체가 목적인 경우가 많아. 직업을 통해 성취감을 얻거나 삶의 의미를 찾기도 하지.

또한 미래를 위해 돈을 벌기도 해. 오늘날 사람의 평균 수명은 80세가 넘어. 사람의 몸은 나이가 들면 움직이는 데 한계가 생기기 마련이지. 그래서 보통 60세 전후까지 일을 하고 직장에서 은퇴를 한단다. 그럼 돈을 벌지 못하는 나머지 20년은 어떻게 살까? 사람들은 돈을 벌지 못하는 시기를 위해 미리 준비해. 일할 수 있을 때 노후를 대비해 미리 돈을 벌어 두는 것이지.

결혼해서 가정이 생기면 가족을 먹여 살리기 위해 돈을 벌기도 하잖아요.

가장은 정말 힘들 것 같아요.

그렇기도 하지. 사람은 나 혼자만의 행복을 위해 돈을 버는 것이 아니라 나와 함께 살아가는 사람들을 위해 돈을 벌기도 해. 가족이 있는 사람들은 가정을 위해서 돈이 필요하지. 혼자 살아도 마찬가지야. 혼자 사는 사람이라도 부모나 형제를 부양하기도 하니까.

가끔은 돈 자체를 위해 돈을 벌기도 해. 돈을 모으고 불리는 것에서 행복을 느끼는 사람들도 있거든.

그밖에 다른 사람을 돕기 위해 돈을 버는 사람도 있어. 자신을 위해 쓰는 것보다 남을 위해 돈을 기부하고 지원하는 데서 행복을 느끼는 거지. 그런 사람들은 돈을 이용해 자신을 가꾸고 치장하는 것보다 돈이 없어서 원하는 것을 하지 못하는 사람들을 위해 쓰는 것에서 보람을 찾아.

　짜장면 배달 일을 해서 형편이 어려운 아이들을 후원했던 김우수 씨나 가정 형편이 어려워 공부를 하지 못하는 어린 친구들을 후원했던 떡볶이 할머니 이야기를 떠올려 보렴.

돈이 많으면
행복할까?

우리나라의 행복지수 전 세계 57위
매년 순위가 떨어지는 불행한 한국 사람들!

유엔 산하 기구인 SDSN(지속가능발전해법네트워크)에서는 매년 전 세계 국가들을 대상으로 국민 행복도를 조사하여 '세계행복보고서'를 발표하고 있다. 우리나라는 전 세계 156개국 중 57위로 지난 55위보다 2계단 아래로 떨어졌다.   2018년 3월 대한 뉴스

행복지수 1위는 핀란드예요. 미국은 18위, 일본은 54위, 중국은 86위고요.

미국은 부자 나라인데 순위가 낮네요.

 맞아. 흔히 GDP로 부자 나라 순위를 정하는데 GDP 순위에서 1위를 한 나라가 바로 미국이지. 꼭 부자라서 행복한 건 아닌 것 같지?

2018년 세계에서 부자 나라 1위는 미국이었어. 중국, 일본, 독일, 영국 순으로 GDP가 높았지. GDP는 한 나라에서 1년 동안 만들어 낸 모든 물질적인 부로, 우리나라 국민이 벌어들인 부의 총액을 의미해. 부자 나라 순위를 정할 때 가장 많이 사용하는 기준은 GDP란다.

돈이 많다는 것과 행복하다는 것

세계에서 행복지수가 가장 높은 나라는 핀란드란다. 핀란드의 2017년 GDP는 세계 43위였어. 행복지수 2~5위 국가인 노르웨이, 덴마크, 아이슬란드, 스위스 역시 GDP가 세계 10위 밖이야. 이게 뭘 뜻하겠어? 바로 돈을 많이 번다고 해서 행복하다는 건 아니라는 뜻이지.

예를 들어 우리 집보다 넓은 거실과 근사한 인테리어, 커다란 텔레비전이 있는 친구네 집에 놀러 가면 문득 친구가 부러워질 거야. 하지만 그 친구는 넓은 거실과 멋진 텔레비전이 있어도 바쁜 엄마, 아빠 때문에 함께 있는 시간이 적을 수도 있고, 엄마, 아빠의 사이 가 좋지 않을 수도 있어. 그럼 행복하다고 느끼지 않겠지? 결론은 돈이 많다고 무조건 행복하다고 느끼는 건 아니라는 말이지.

하지만 돈이 없어서 불행하다고 생각하는 사람이 많은 것은 사실이잖아요.
돈으로 행복을 산다는 말도 있고요.

 그렇게 말하는 사람들이 있긴 하지.

돈이 최고는 아니지만 저도 어느 정도는 있어야 할 것 같아요.

얼마 전 통계청에서는 국민들이 삶에 대해 얼마나 만족하는지 표본 조사를 벌였단다. 내용 중에는 한 달에 버는 돈의 양이 삶의 만족도에 얼마나 영향을 끼치는지 알아보는 질문도 포함되었지.

조사 결과는 예상한 대로 월평균 소득이 높을수록 삶에 대한 만족도 점수가 높은 것으로 나타났어. 월 소득 100만 원 미만의 저 소득 가구는 삶의 만족도가 5.49점에 그치는 반면, 500만 원 이상 가구는 6.42점으로 높게 나타났지.

이게 무슨 의미일까? 행복하려면 살아가기에 부족하지 않을 만 큼의 돈이 필요하다는 뜻이기도 해. 우리가 돈을 버는 이유 중 하나는 행복하기 위해서이니까. 먹고 싶은 것을 먹고, 원하는 것을 사고, 하고 싶은 것을 하면 행복을 느끼겠지? 삶의 만족도란 이러한 만족감을 점수로 나타낸 거야.

사람은 돈의 노예일까,
지배자일까?

ᵃ𝗹𝗹 📶 🔋

돈 때문에 돌아가지 못하는 사람들
강원랜드 주변 노숙자들의 숫자가 2천 명

강원랜드 주변 노숙자들은 대부분 도박 중독자로, 강원랜드를 방
문했다가 그대로 눌러앉은 사람들이다. 하루 벌어 하루 생활하는
일용 노동자가 많고, 소득의 대부분을 도박에 쓰고 있다고 대답했
다. 카지노 노숙자 중 20%는 카지노에서 잃은 돈이 10억 원이 넘
으며, 잃은 돈에 대한 아쉬움으로 떠나지 못하고 있는 것으로 알려
졌다.

2017년 4월 경제 뉴스

이런 뉴스를 보면 돈이 인간이 만든 도구인지,
아니면 인간이 돈의 노예인지 헷갈린다니까요!

 그런 생각을 하다니 굉장한데!
도박은 한 번 빠지면 잘 빠져나오지 못해서 돈에 끌려다니게 되지.

노력 없이 한 번에 큰돈을 벌려고 하는 게 문제인 것 같아요.

　돈은 사람이 만든 도구지만 살기 위해 반드시 필요한 물건이야. 그럼 사람들이 돈에 집착하는 가장 큰 이유는 뭘까? 우리는 먹고, 자고, 입을 것들이 필요하며, 아프면 병원에 가야 하고 사회에 진출하기 위해 교육을 받아야 해. 사람이 누려야 할 기본 권리를 돈이 없어서 누리지 못하는 상황에 놓이게 되면 누구나 돈에 대한 갈망과 욕구가 커질 수 있지.

돈의 노예가 된 사람들

세상에는 돈을 위해서라면 어떤 일이든 서슴지 않고 하는 사람들이 있단다. 만약 자신의 욕심과 돈을 위해 무엇이든 하는 사람이 지도자라면 그 나라는 어떻게 될까?

　1970년대 중앙아프리카 공화국의 대통령 '장베델 보카사'는 국민을 돈벌이의 수단으로 삼은 아주 나쁜 대통령이었지. 그는 1966년 쿠데타로 중앙아프리카 공화국의 대통령이 되었단다. 나폴레옹을 좋아했던 보카사는 1977년 스스로 중앙아프리카 제국의 초대 황제가 되었지.

중앙아프리카 공화국은 아주 가난한 나라였는데, 보카사는 대관식을 아주 사치스럽게 꾸몄어. 대관식에는 나폴레옹이 썼던 황금 왕관과 거대한 황금 독수리 의자가 등장했으며, 나라 예산의 절반이 대관식에 쓰였단다.

보카사는 나라 경제가 망가지든 말든 신경 쓰지 않고 오로지 자신의 욕심을 채우는 데만 급급했어. 한 예로 보카사는 중고등학생에게 교복을 강제로 입게 했는데, 교복이 아주 비쌌어. 이 교복은 보카사의 부인이 독점 운영하는 회사에서 만든 것으로, 수익은 고스란히 보카사에게 돌아갔지.

참다못한 어린 학생들은 교실을 뛰쳐나와 거리에서 시위를 벌였어. 그러자 보카사는 자신에게 반항하는 어린 학생들을 무자비하게 공격했어. 그때 100여 명의 학생들이 목숨을 잃고 말았단다. 이걸 본 국민들은 더 이상 보카사를 두고 볼 수 없었어. 게다가 그동안 보카사를 지지하던 프랑스 정부의 도움으로 마침내 보카사는 나라에서 추방되었지. 이후 보카사는 여러 나라를 전전하다가 귀국해 종신형을 선고 받았어. 그러다가 몇 년 뒤 사면되어서 조용히 살다가 1996년 심장마비로 죽었다고 해.

대통령이 되고 돈도 많았을 텐데 그렇게 돈이 갖고 싶었을까요?
돈에 눈이 멀어서 자신의 앞날이 어떻게 될지 전혀 몰랐군요.

 그렇지. 외국이 아니라도 돈에 끌려다니며 사는 사람을
주변에서 쉽게 볼 수 있어.

앞에서도 내용이 나왔지만 강원도 정선에는 외부에서 이주해
온 사람이 유난히 많아. 고향도 아니고, 직장이 있는 것도 아니지
만 강원랜드라는 카지노 때문에 외부 사람들이 많아지게 된 거지.

우리나라에서는 원래 카지노와 같은 도박장을 한국인이 이용
하지 못하도록 되어 있는데 정선의 강원랜드는 허용하고 있어.

맨 처음 강원랜드가 문을 열었을 때, 사람들은 재미삼아 강원랜
드를 찾아갔어. 그런데 몇 번의 잭 팟(거액의 상금)을 맛본 사람들은
점차 도박에 빠져들었지. 일터로 돌아가야 했지만 자리를 뜨지 못
했어. 몇 번 만 더 하면 큰돈을 벌 수 있을 것 같은 착각에 빠졌던
거야. 그러다가 도박으로 돈을 잃은 사람들은 다시 돈을 되찾아야
한다는 생각 때문에 그곳을 떠나지 못하는 거야.

급기야 타고 왔던 자동차를 잡히고 돈을 빌리거나 신용 카드로
대출을 받는 사람이 하나둘 늘어났고, 그 사람들은 결국 빈털터리
가 되어 오도 가도 못하는 신세가 되고 말았지.

현재 정선에는 2000여 명이 넘는 노숙자들이 살고 있다고 해.
그들은 건설 현장이나 식당, 일일 아르바이트 등으로 돈을 번 후,

다시 카지노장을 찾는대.

억만장자의 냉정한 선택

1973년 미국은 백만장자 손자 납치 사건으로 떠들썩했어. 이탈리아로 여행을 갔던 백만장자의 손자가 괴한들에게 납치를 당했는데 그 백만장자는 미국의 폴 게티로 세계적인 석유 부자였지. 괴한들은 폴 게티가 어마어마한 재산을 갖고 있으니까 손자를 위해서라면 백 억 달러 쯤 쉽게 낼 거라고 생각했어.

하지만 폴 게티의 생각은 달랐어. 괴한들의 제안을 단박에 거절한 거야. 폴 게티는 한 푼도 줄 수 없다고 못 박았지.

세상에! 그럼 손자는 어떡해요?

 폴 게티는 만약 자신이 납치범에게 돈을 준다면 다른 손자들이
또 다른 괴한들에게 납치 표적이 될 거라 생각한 거야.
결국 6개월간의 긴 협상 끝에 손자는 풀려날 수 있었어.

풀려났다니 다행이긴 한데…… 뭔가 씁쓸한 기분이에요.

사실 간신히 풀려나긴 했지만 손자의 몸과 마음은 큰 상처를

입은 상태였어. 6개월간의 감금 생활과 귀를 잘리는 고통을 겪은 폴 게티 3세는 이후 정상적인 생활을 하지 못했어. 마약과 알코올에 중독되어 방탕한 생활을 하다 장애를 얻었고, 54세까지 불행한 삶을 이어 갔다고 해.

폴 게티는 막대한 재산을 모으며 자신은 돈과 세상을 지배하는 사람이라고 생각했어. 하지만 돈에 집착했던 만큼 가족과는 소통하지 못했고, 대부분 불행한 생을 살았지. 어떻게 생각하니? 그는 정말 돈을 지배했던 걸까? 사실은 돈에 끌려다닌 노예였지만 스스로 돈의 지배자라고 착각했던 것은 아니었을까?

돈에 대해
왜 배워야 할까?

미국 대학생 대부분 졸업하면 빚더미
등록금을 마련하기 위해 빚쟁이가 되는 학생들

미국 대학 졸업생의 평균 채무가 1인당 2만에서 3만 달러(약 2500~3700만 원)에 이르는 것으로 조사됐다. 이는 10년 전보다 늘어난 것으로 학자금 대출뿐 아니라 신용 카드의 무분별한 사용에 기인한 것으로, 사회 진출 초기부터 학생들의 발목을 잡는 족쇄가 되고 있다. 2000년대 후반 학생들의 채무가 심각한 문제로 떠오르자 대학에서는 금융맹을 탈피시킬 다양한 금융 교육 프로그램을 실시해 오고 있다.

2016년 8월 국제 뉴스

대학을 다니는 내내 빚을 지고 있고,
졸업을 하자마자 빚을 갚아야 한다는 거잖아요.

그래서 나는 대학을 갈지 말지 고민이에요.

 돈이 문제가 아니라 성적 때문이겠지?

　정말 경제 사정이 어려워서 학자금 대출을 하는 사람들도 있지만 무분별하게 돈을 써서 빚을 내는 사람도 있을 거야. 그동안 현금만 가지고 다니다가 신용 카드가 생기면 부자가 된 기분도 들겠지. 이렇게 돈을 쓰고 관리하는 방법을 모르는 사람들을 가리켜 '금융맹'이라고 불러. 글자를 읽고 쓰지 못하는 걸 문맹이라고 하는데, 돈에 대해 전혀 알지 못해서 제대로 운영하지 못하는 걸 금융맹이라고 하는 거지. 우리나라의 문맹률은 세계가 놀랄 정도로 낮아. 글자를 모르는 사람이 거의 없으며, 대학 진학률도 높지. 그런데 0%에 가까운 낮은 문맹률이나 교육열과 대조적으로 우리나라의 금융맹률은 아주 높은 편이란다.

금융맹을 벗어나자

금융맹이란 단어는 미국 연방준비제도이사회 의장이었던 앨런 그린스펀이 자주 사용해 유명해진 말이야. 1990년대 이후 미국은 시장 경기가 좋았음에도 불구하고 은행의 저축률은 떨어지고, 오히려 개인 파산을 신청하는 사람은 계속 증가했어.

그린스펀은 이러한 사회적 문제가 금융 교육을 제대로 받지 못했기 때문이라고 생각했지. 그린스펀은 '문맹은 생활을 다소 불편하게 하지만, 금융맹은 생존 자체를 불가능하게 만든다'며 청소년의 금융 교육이 얼마나 중요한지 강조해 왔어.

우리나라의 경우도 마찬가지란다. 경제는 지속적으로 성장했지만 청년층의 재산 상황은 계속 나빠지고 있어. 중고등학교 시절부터 제대로 된 금융 교육을 받지 못했으며, 일반 가정에서는 돈에 대한 교육에 특별히 신경 쓰지 않았어. 그러다 보니 학자금 대출을 비롯해 신용 카드 사용 등 여러 가지 경제 문제에 부딪혔을 때 적절히 대응하지 못하는 사람이 많아진 거지.

용돈만 받을 때는 몰랐는데, 요즘은 아르바이트하는 애들도 많아서
금융 교육은 꼭 필요한 것 같아요.

 맞아. 요즘에는 청소년들도 경제활동을 많이 하고 있지.

전 늘 경제 문제에 부딪히고 있어요. 용돈이 늘 부족하거든요.

최근 들어 세계적으로 금융 교육의 중요성에 대한 인식이 높아

지고 있어. 우리나라에서도 어렸을 때부터 돈에 대한 교육이 반드시 이루어져야 한다는 생각이 퍼지고 있지.

그렇다면 돈에 대한 교육은 돈을 어떻게 굴려서 부자가 될 것인가를 가리키는 걸까? 물론 아니야. 교육만으로 부자가 될 수 있다면 세상에 부자가 되지 못할 사람은 아무도 없을 거야. 제대로 된 금융 교육이란 돈에 대해 올바로 이해하고, 적절하게 사용하며, 합리적으로 운영할 수 있는 소양과 능력을 키우는 것이란다.

부자들의 자녀 금융 교육

우리나라 속담 중 '부자가 삼대를 넘지 못한다'는 말이 있어. 이 말은 재산을 모으기보다 그것을 유지하는 것이 더 어렵다는 뜻이란다. 부모의 유산을 물려받아 다른 사람보다 훨씬 좋은 조건에서 사회생활을 시작했음에도 불구하고 더 나쁜 결과를 맞는 사람을 주변에서 쉽게 볼 수 있어.

그들의 문제는 뭘까? 바로 노력하지 않고 얻은 부모의 돈으로 생활하다 보니, 스스로 문제를 해결하고 어려운 상황을 개척할 능력이 부족해진 거야. 그러다 결국 경쟁에서 밀려난 거겠지.

세계적으로 부자로 손꼽히는 백만장자 워런 버핏은 자식에게 많은 재산을 물려주는 것 자체가 독이라고 말하지.

워런 버핏을 비롯해 자신만의 철학과 능력으로 부자가 된 많은 사람들은 자신의 자녀들이 돈에 끌려가지 않고, 스스로 지배하며 살 수 있게 도와줄 교육 방법을 찾기 위해 노력한다고 해.

세계적인 부자이자 석유왕인 록펠러의 자녀 용돈 관리법은 유명해. 록펠러는 아이들의 첫 용돈은 무조건 30센트에 시작하라고 하지. 그 후 용돈 기입장을 이용해 용돈을 관리하게 하고, 아이가 얼마나 용돈 관리를 잘했는지에 따라 다음 용돈의 양을 정하라고 말이야. 용돈 관리를 잘한 아이에게는 더 많이, 계획 없이 사용한 아이에게는 적은 용돈을 주도록 하는 거야. 그러면 자연스럽게 아이들은 계획을 세워 돈을 쓰는 방법을 깨닫게 된다고 생각한 거지.

월마트의 창업주인 샘 월튼은 자녀들에게 절약 정신을 강조했어. 가장 저렴한 물건을 파는 것이 목표였던 월마트답게 창업주의 생활은 비용 절감에 초점이 맞춰졌어. 그는 거대한 마트의 회장임에도 불구하고 미국 내에 있는 월마트 매장을 보러 다닐 때 픽업트럭이나 비행기 이코노미석을 타고 다니는 걸로 유명했지. 자린고비이자 구두쇠, 절약왕인 샘 월튼은 아이들이 자라면 월마트 매장에서 일하게 하였고, 일한 대가를 주었다고 해. 어려서부터 노동과 근검절약 정신을 가르치고 싶었던 것이지.

빌 게이츠를 비롯해 페이스북 창업자 마크 저커버그 등 컴퓨터 인터넷 관련 분야의 세계적인 CEO들은 자신들의 자녀에게 컴퓨터와 스마트폰 사용을 철저하게 금지시킨 것으로 유명하단다. 스마트폰이나 인터넷에 몰입하다 보면 다른 것을 생각하고 접할 시간이 줄어들기 때문이야.

백만장자는 생각이 다르긴 다르네요.

하지만 스마트폰을 못 보게 한다니!
저 사람들 아들로 태어나지 않아서 다행이에요.

 정말? 빌 게이트츠나 마크 저커버그보다 나를 선택해 주다니!

　빌게이츠나 마크 저커버그는 스마트폰을 쓰지 못하게 하는 대신 아이들과 대화를 하고, 함께 책을 읽으면서 시간을 보냈어. 그렇게 마음의 크기를 넓힐 시간을 갖게 하려고 애썼다더구나. 책을 읽고 생각하는 시간을 가지면 돈에 대한 맹목적 추종을 피할 수 있으며, 더 가치 있는 사용법을 고민할 수 있을 테니까.

변화하는 돈의 특징

돈은 사회 속에서 많은 역할을 담당한단다. 다른 사람과 물건을 거래할 수 있게 해 주고, 내가 필요하거나 원하는 것을 갖게 해 주니까. 돈을 통해 행복감을 느끼기도 하고 사람의 목숨을 구하기도 하지. 자칫 잘못 생각하면 돈으로 해결할 수 없는 문제가 없을 것 같다는 착각이 들기도 해.

　사람들이 사회를 이루며 함께 살기 위해서는 반드시 지켜야 할 규칙이나 윤리가 필요해. 돈도 마찬가지이지. 사회의 중요한 도구인 돈을 잘 이용하려면 우선 돈의 특성과 윤리, 규칙 등을 잘 이해해야 해. 사회 속에서 돈으로 할 수 있는 일이 워낙 많기 때문에 돈에 대한 윤리와 규칙이 없으면 사회는 돈의 힘에 짓눌릴 수밖에 없어.

돈은 마치 살아 있는 생물처럼 변화의 과정을 거쳐. 시간과 노력을 들여 돈을 벌고, 계획적이고 합리적으로 쓰고, 남은 돈을 불리고, 필요할 때 빌리고, 함께 사는 사람들을 위한 기부와 환원을 하는 등 계속 변화하지. 돈을 제대로 알기 위해서는 각 과정에서 만나는 돈의 특징을 알아야 하고, 최선의 선택을 해야 해.

돈이 살아 있다고 생각하니까 무서워요.

돈에 끌려다니거나 짓눌릴 수 있다고 생각하니 진짜 살아 있는 것 같아요.
거대한 괴물처럼요!

 그래서 돈에 대해 알아보는 거야.
돈에 대해 잘 알면 무섭다고 느끼지 않을 거야.

일단 돈을 버는 과정에서 만나는 돈은 어떤 특징을 갖고 있을까? 시간과 노동, 노력에 따라 돈의 가치와 양은 달라지기 마련이야. 적은 돈이라도 아주 힘들게 노력을 기울여 번 돈은 더 소중하게 느껴지며, 쉽게 쓰지 못하게 돼.

쓰는 과정에서 만나는 돈은 계획과 합리성에 따라 다양한 모습을 가질 수 있어. 정해진 돈을 가지고 잘 사용하기 위해서는 지출과 소비에 대한 계획을 세우고, 더 필요한 것이 무엇인지, 적정한지 결정해야 한단다.

같은 돈으로도 소비 이후 결과는 180도 달라질 수 있어. 꼭 필요한 물건을 산 경우에는 나에게 물건이 남아 있겠지만, PC방에서 게임을 했다면 잠깐 동안의 행복 말고는 남는 게 없겠지. 어느 쪽이 더 가치 있고 소중한지는 개인에 따라서 다를 거야.

용돈을 받아 한 달 동안 쓰고 남은 돈이 있다면 어떻게 할까? 어떠한 선택을 하는가에 따라 돈이 줄어들기도 하고 늘어나기도 할 거야. 위험하더라도 높은 이득에 투자할 것인지, 안전하게 적은 이득만 얻을 것인지는 내가 선택해야 하지.

때로는 남에게 돈을 빌려야 할 때도 있을 거야. 신용 사회인 오늘날에는 자신의 신용 관리를 어떻게 하는가에 따라 돈을 빌릴 수 있는 양과 이자가 달라진다는 걸 잘 알아야 해. 사회 속에서 약속을 잘 지킨다는 것은 나의 신용을 높이는 가장 빠르면서 확실한 방법이지.

그런데 많은 사람들이 돈을 벌면 그게 자신만의 돈이라고 생각해. 하지만 돈을 벌 수 있었던 건 자신이 사회의 일원이기 때문에 가능한 것이란다. 내가 속해 있는 사회가 잘 굴러가지 못하면 나 또한 원하는 만큼 돈을 벌 수 없어. 그러니 나는 사회를 돕기 위해 노력해야 해. 돈을 기부하거나 물건을 사서 누군가를 돕는 활동 등이지.

돈은 사회에서 다른 사람과 연결되는 중요한 끈이면서 도구란 다. 우리가 새로운 가전제품이나 물건을 샀을 때 고장 내지 않고 잘 쓰기 위해서 사용 설명서를 유심히 보는 것처럼 돈을 잘 이용 하기 위해서도 교육이 필요하지. 돈을 안다는 것은 경제를 잘 아 는 사회인이 되는 길이야.

용돈 관리 첫걸음

똑같이 용돈을 받았는데 누구는 돈을 저축하고, 누구는 돈이 한 푼도 없는 건 왜 그럴까? 그건 저축을 한 사람은 갖고 싶은 것, 먹고 싶은 것, 사고 싶은 것을 참았단 뜻이고 돈이 한 푼도 없는 사람은 그 유혹을 이기지 못하고 돈을 써 버렸다는 뜻이지.

사람들은 돈이 생기면 생각하지. 이것을 살까, 저것을 살까! 아니면 아껴서 저축을 할까! 오죽하면 삶은 선택의 연속이라는 말이 있겠니. 그런데 선택에는 반드시 책임이 따르는 법이야.

> 아들 으악, 앞으로 용돈을 받으려면 삼 주는 더 버텨야 하는데 벌써 다 써 버리다니! 어제의 나를 때려 주고 싶다!
>
> 엄마 갑자기 왜 또 저래?
>
> 딸 어제 게임 아이템을 막 사더니 용돈이 다 떨어졌다고 저러는 거야. 앞으로 삼 주 동안 거지네.

사람들은 보다 합리적인 선택을 하려고 애써. 물론 돈이 아주 많다면 어떤 선택을 하든 상관없을 거야. 하지만 일반적으로는 주어진 돈과 시간은 한정이 있는 법이야. 그래서 우린 현명한 선택을 하려고 고민하고 여러 가지 방법을 생각하는 거란다.

돈을 잘 관리하려면 선택을 잘해야 해. 선택을 할 땐 이것저것 잘 따져 보아야 하지. 이것이 과연 올바른 선택일까, 한순간 감정에 이끌려서 후회가 남을 선택을 하는 건 아닐까 하고 말이야.

딸   맞아요, 나도 늘 선택을 할 때 고민해요. 옷을 살까, 가방을 살까!

엄마   나도, 나도!

아빠   그런 선택 말고! 합리적인 선택이란 경제적인 비용까지 고려하는 선택을 말하는 거야. 최소의 비용을 이용해 가장 큰 만족을 주는 대안을 찾는 것! 그게 바로 합리적인 선택이라고.

어떤 물건을 사기 전에 어떤 생각을 하니? 평소 내가 쓸 수 있는 돈은 얼마인지, 이 돈을 쓰고 나면 내가 얻는 득은 어떤 것이고, 어떤 손해를 입게 되는지 그런 생각을 하겠지. 처음엔 이런 생각을 하는 게 무척 힘들 거야. 용돈을 받으면 어딘가에 다 쓰고 싶어질 테니까. 하지만 이런 마음을 잘 억누르고 용돈을 현명하게 사용할 수 있는 습관을 길러야 용돈을 잘 관리할 수 있지.

> 아들   대체 그 습관은 어떻게 기를 수 있어요?

> 아빠   용돈 기입장 같은 걸 쓰는 것도 아주 좋은 방법이란다.

> 딸   음, 절대 못 쓸 것 같은데?

용돈을 현명하게 관리하기 위한 가장 좋은 방법은 '용돈 기입장'을 쓰는 것이지. 용돈 기입장에 용돈을 받은 날짜, 내용, 들어온 돈(수입), 나간 돈(지출) 등을 자세히 적는 거야. 그러면 내가 용돈으로 얼마를 받았고, 어디에 얼마를 썼는지 한 번에 살펴볼 수 있지.

참, 용돈 기입장을 쓸 때는 돈을 사용한 항목과 이유를 꼭 적어야 해. 그리고 용돈을 받을 때가 되면 그동안 내가 용돈을 어디에 얼마큼 썼는지 살펴보아야 해. 그래야만 나의 돈 쓰는 씀씀이는 어떤지 생각하게 되고, 앞으로 돈을 어떻게 사용할 것인지 계획도 세울 수 있단다.

용돈 기입장 쓰는 법

STEP 1 용돈 계획서 쓰기

- 매달 1일은 용돈 계획서를 쓰는 날로 정한다.

- 용돈을 받으면 어디에 쓸 것인지 미리 계획서를 쓴다.

예상 수입			예상 지출		
내용	금액	합계	내용	금액	합계
지난달 남은 용돈	5,000원	20,000원	저축	5,000원	20,000원
이번 달 받은 용돈	15,000원		학용품 구입	10,000원	
			간식	5,000원	

- 계획을 세워 놓아야 충동적으로 물건을 사지 않고, 낭비도 하지 않게 된다.

STEP 2 용돈 기입장 쓰기

- 지난달에 남은 용돈과 이번 달에 받은 용돈은 수입에 쓰고, 사용한 돈은 지출에 쓴다.

- 용돈 기입장을 쓸 때마다 남은 돈(잔액)이 현재 갖고 있는 돈과 맞는지 확인해야 한다.

날짜	내용	수입	지출	잔액
6/1	지난달에 남은 용돈	5,000원		5,000원
6/1	이번 달에 받은 용돈	15,000원		20,000원
6/5	한자 노트 구입		1,000원	19,000원
-	-	-	-	-

STEP 3 결산하기

• 매달 마지막 날을 한 달 동안 쓴 용돈에 대한 결산을 하는 날로 정한다.

내용	금액	합계	내용	금액	합계
지난달 남은 용돈	5,000원		저축	5,000원	
이번 달 받은 용돈	15,000원	30,000원	학용품 구입	10,000원	20,000원
삼촌에게 받은 돈	10,000원		간식	5,000원	
이번 달 남은 용돈					10,000원

• 첫날 쓴 용돈 계획서대로 실천했는지 확인하고, 혹시 잘못 쓴 돈은 없는지, 왜 잘못 썼는지, 다음부터는 돈을 잘못 쓰지 않을 방법은 없는지 찾아보자.

• 계획을 잘 지켰으면 스스로 칭찬하고 다음 달 용돈을 아낄 수 있는 계획도 미리 생각해 두자. 용돈 기입장을 쓰는 습관이 생기면, 평생 동안 부자가 될 수 있는 습관이 생기는 것이다.

두 번째 수업

돈의 역사

인간이 사용했던 최초의 돈은 어떤 모습일까? 5000여 년 전

메소포타미아에서는 금속 조각으로 곡식과 고기를 바꿀 수 있었어.

이처럼 물건을 교환할 수 있는 징표로 이용되던 것들은 금속, 지폐를 거쳐

오늘날에는 가상 화폐까지 등장하고 있어!

최초의 돈
조가비 화폐와 동물 뼈

대구 한국은행 화폐 전시관 개관
고대부터 현대, 65개국의 화폐와 관련 물품 전시

대구에 개관한 한국은행 화폐 전시관은 우리 화폐, 세계 화폐 전시관으로 구성되어 있으며 총 1800여 점이 전시되고 있다. 화폐는 대략 5000여 년 전부터 사용되었다. 처음에는 조개껍데기, 돌로 만든 도구, 볍씨, 토기, 가죽, 소금 등을 화폐로 사용했으나, 이런 화폐는 오랜 시간이 지나면 썩거나 부서져서 사용할 수 없게 됐다. 그래서 철이나 금, 은 등으로 화폐를 만들기 시작했다고 한다.

2010년 지방 뉴스

오빠! 내 저금통에 있던 돈이 모조리 사라지고, 웬 조개껍데기들이 들어 있어! 혹시 오빠가 그런 거 아니야?

잘 모르나 본데, 그 조개껍데기는 바로 고대의 화폐야. 넌 지금 엄청나게 부자가 된 거야.

 그럼 이제부터 용돈도 지폐 대신 조개 화폐로 줘야겠군.

돈이 언제부터 사용되었는지 명확하게 알려진 것은 없어. 역사가들은 인류의 역사와 함께 돈이 생겨났을 거라 생각하지. 물론 지금처럼 국가에서 관리하고, 공식화된 형태는 아니었으며, 단순하게 원하는 물건과 바꿀 수 있는 역할을 담당했을 거야.

물물교환으로 시작된 화폐의 역사

인간이 사용했던 최초의 돈은 어떤 모습일까? 5000여 년 전 메소포타미아에서는 금속 조각으로 곡식과 고기를 바꿀 수 있었어. 사람들은 그것을 돈이라 부르지는 않았지만 원하는 물건과 교환할 수 있는 중요한 징표로 생각했지.

메소포타미아 이전에도 물건과 교환할 수 있는 여러 가지 징표가 있었어. 처음에는 볍씨나 독특하게 생긴 조가비와 곡식, 고기를 바꾸었고 동물 뼈와 물고기를 바꾸었지. 사회가 발전하면서 사람들이 갖고 싶어 하거나 쉽게 구할 수 없는 귀한 것들은 다른 물건과 마음껏 바꿀 수 있는 징표가 되었어.

한때는 인도의 향신료, 소금, 커피, 담배 같은 것들이 돈이 되기도 했지. 현대 화폐가 나온 이후에도 말이야.

조개껍데기는 오래전부터 가장 널리 사용되던 화폐였어. 물론 아무 조개껍데기나 물물교환 징표가 되지는 않았지. 사람들은 모양이 독특하고 튼튼한 조개의 껍데기를 좋아했으며, 때로는 수입하기도 했다는구나.

조개 화폐와 솔로몬 제도 화폐 목걸이

기원전 수십 세기 전부터 이용되던 조개껍데기 화폐는 얼마 전까지도 실제로 사용되었단다. 태평양 섬나라에서는 20세기까지도 조개 화폐를 사용하였는데, 지금도 원주민들이 조개 목걸이를 걸고 있는 모습을 쉽게 볼 수 있어. 이것은 화폐 대용이었던 조개껍질을 목에 걸어 안전하게 보관하기 위한 것일 뿐 아니라 자신의 부를 과시하기 위해서였어.

조개 목걸이를 걸고 그 나라에 가면 엄청난 부자인 줄 오해받겠어요.

 화폐로 쓰는 조개는 정해져 있으니까 걱정 마.

조개 화폐는 동서양을 가리지 않고 광범위하게 사용되었지. 그 증거로 재물 재(財) 자를 비롯해 재화 화(貨), 무역할 무(貿) 자 등 돈과 관련 있는 한자에서 조개 패(貝) 자를 찾을 수 있단다.

모양도 크기도 제각각인
동전의 탄생

십 원짜리 모아 구리 빼낸 일당 덜미!

구 십 원짜리로 값비싼 구리를 빼내려는 계획 세운 일당 검거

1960년대 이후에 발행된 10원짜리 구형 동전은 구리가 65%, 아연 35%로 만들어졌다.

구리 가격이 계속 오르자 구형 10원짜리를 모아 구리를 빼 최대 4배의 이익을 얻은 일당이 검거되었다. 전국 각지에서 모은 구형 10원 6000만 원으로 2억 원의 이익을 챙긴 것으로 추정된다.

2006년 발행된 새 10원은 구리를 씌운 알루미늄 소재로 기존 동전보다 작고 가볍다.

2015년 11월 경제 뉴스

10원짜리 동전은 만들면 만들수록 손해를 본대요.

 그래, 정확한 가격은 공개하지 않고 있지만

구형 10원은 한 개당 30원, 새 10원은 20원 정도 든다는구나.

윽, 10원을 만들기 위해 30원을 쓴다니~!

동전의 역사에 대해서도 짚고 넘어가야겠구나. 초기에 물물 교환의 징표로 사용되던 볍씨나 조개껍데기, 소금 등은 오래 보관할 수 없었어. 시간이 지나면 까맣게 변하거나 사용할 수 없게 변해 버려 저장 가치가 떨어졌거든. 사람들은 쉽게 변하지 않을 새로운 징표들을 연구하기 시작했지. 이때 등장한 것이 금, 은, 동, 구리 같은 금속 조각들이었어.

최초의 동전과 중국의 금속 화폐

세계 최초의 동전은 고대 그리스 로마 시대에 만들어진 '리디아의 사자'로 알려져 있지. 금과 은이 섞인 호박금으로 만들어졌는데, 동전 위에는 사자 머리가 그려 있었어. 이 동전은 기원전 6세기경 리디아(현재의 터키 부근)의 알리아테스 왕 시절 처음 만들어졌어. 그리스 로마 시대는 주변 국가들 사이에 전쟁이 많았고, 전쟁 때마다 부족한 군사를 용병으로 채웠어. 알리아테스 왕은 '리디아의 사자'를 외국에서 온 용병들에게 월급으로 주기 위해 만든 것으로 추정해.

리디아의 사자

그 후 그리스 도시 국가들은 리디아의 동전을 본떠 자신들만의 동전을 만들기 시작했대. 도시 국가에는 화폐 주조소가 만들어졌고, 국가마다 다른 모양과 재질로 동전을 만들었지. 동전에는 황제나 여왕의 얼굴이 새겨졌고, 글자도 넣었어. 기원전 3세기에서 기원후 3세기까지 다양한 금속 화폐들이 발행되었으며, 로마 제국 안에서는 이를 바탕으로 활발한 무역 활동이 이어진 거야.

하지만 무분별한 화폐 생산은 귀족들의 방탕한 생활을 부추겼고, 물가는 하늘 높은 줄 모르고 올랐어. 결국 로마 화폐의 가치가 점점 떨어지고 동전을 만들 금속까지 부족해지면서 로마 제국은 멸망의 길을 걷게 되었지.

그리스 도시 국가에 동전이 유행하기 이전 중국에서도 금속 조각으로 만들어진 화폐가 등장했어. 중국의 금속 화폐는 동그라미나 사각형 같은 기하학적 모형이 아니라 실생활의 물건을 그대로 본뜬 것이었어. 농기구 모양을 본떠서 만들어진 화폐는 포전이라

불렀는데 중국 춘추 전국 시대에 이용되었단다.

춘추 전국 시대는 기원전 8세기에서 기원전 3세기 중국 전역에 여러 개의 제후국들이 들어섰던 시기로 서양에 고대 그리스가 있었던 때와 비슷한 시기이지.

포전은 주로 청동으로 만들었는데 쟁기와 괭이의 모양을 본떠서 만들었어. 포전 이후에는 도전이라는 화폐가 등장했어. 전국 시대부터 이용했으며, 도전은 포전과 달리 칼의 모양을 본떠서 만들어졌지. 포전과 도전은 틀(거푸집)을 만들어 그 안에 청동이나 철을 녹여 부어 만들었다고 해.

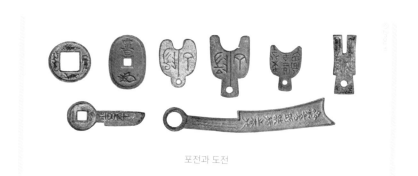

포전과 도전

기원전과 기원후 중국에서는 무기와 농기구가 중요한 생활 수단이었어. 무기와 농기구들은 주로 철과 청동을 이용해 만들었는데, 포전과 도전은 그 시대의 가장 중요한 물건을 본떴던 것으로 보여. 중국의 포전과 도전은 우리나라에도 전해져 가끔 삼국 시대 유물에서 함께 출토되기도 하지.

가볍고 편리한 종이돈, 지폐

십만 원짜리 지폐의 주인공은?
김구, 안중근 등 여러 후보 인물의 투표 이어지다!

KEB하나은행이 SNS에 '10만 원짜리 지폐가 생긴다면?'이라는 질문을 올리고 의견을 댓글로 받았다. 'OOO 초상화가 들어가겠지'라는 답변을 써 넣는 이벤트였다. 가장 많은 '좋아요'를 받은 대답은 백범 김구 선생이었다. 앞면에 백범 김구 선생, 뒷면엔 독도와 태극기를 그려 넣은 10만 원권 가상 그래픽이 선정되었다. 이 외에도 안중근, 윤봉길, 안창호, 유관순 등이 높은 지지를 받았다.

2019년 은행 신문

5만 원짜리 지폐도 있는데
이제 10만 원짜리 지폐까지 나오는 거예요?

10만 원짜리 돈은 잃어버리면 얼마나 아까울까.

 돈의 가치가 낮아질수록 더 큰 단위의 화폐가 필요해지겠지.
이건 이벤트로 한 거고 한국은행은 아직 전혀 계획이 없다고 밝혔어.

금속 화폐는 저장하기도 편하고 잘 변하지도 않았어. 하지만 상업적 거래가 활발해지면서 거래할 물량이 많아지자, 사람들은 금속 조각 화폐를 대신할 새로운 화폐가 필요해졌지. 금속은 너무 무거웠고, 필요한 만큼 만들어 내기도 쉽지 않았거든.

게다가 금이나 은은 그 자체로 값어치가 높아서 도둑맞을 위험이 많았어. 무역을 하거나 장사를 하는 상인들은 좀 더 가볍고 들고 다니기 편하며, 보관하기도 쉬운 새로운 형태의 화폐가 필요했던 거지. 바로 종이처럼 말이야.

최초의 지폐 중국의 교자

세계에서 가장 먼저 종이 화폐가 사용된 곳은 중국이란다. 종이는 중국이 발명한 세계에서 가장 위대한 발명품 중 하나로 약

2000여 년 전 마를 이용해 처음 만들어졌지. 유럽에는 그로부터 1000여 년이 지난 후에야 전파되었어. 그래서 중국에 비해 유럽은 종이 다루는 기술이 늦게 발달했지.

　송나라 때인, 10세기경 중국의 상인들은 물건이나 금속 화폐를 맡겨 두고 대신 그걸 증명할 종이 증서를 만들어 갖고 다녔대. 일종의 예탁 증서로, 많은 물건과 무거운 화폐 대신 상인들은 종이 지폐를 편하게 들고 다녔다는 거야. 상인들은 이것을 교자(交子)라 불렀는데, 인류 첫 번째 종이돈이었던 셈이지.

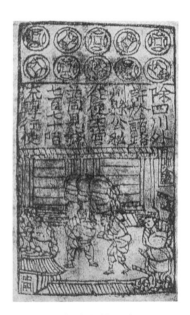

최초의 종이돈, 교자

남송 시대에 상업이 발달하면서 종이 지폐는 더 활발하게 이용
되었단다. 특히 초창기 교자가 물건이나 돈을 맡고 있다는 표식이
었다면, 남송 시대에는 돈의 금액을 증명하는 진짜 화폐의 역할을
한 거지.

원나라 때에는 백성들이 나라에 금, 은, 동을 맡기면 해당하는
양만큼의 종이 화폐를 내주었어. 사람들은 종이 화폐로 거래하다
가 실제로 금, 은, 동이 필요할 때가 되면 종이 화폐를 들고 정부를
찾아갔어. 마치 근대 사회의 금본위 제도 때처럼 말이야. 중국의 지
폐는 주변 국가로 퍼져 나갔고, 마침내 유럽에도 알려지게 된 거지.

금본위제도가 무슨 말이에요?

 그대로 풀이하면 '금을 화폐와 교환한다'는 뜻이야.

오래전부터 금은 중요한 화폐 수단이었어. 금 자체로도 가치가 있었고,

그래서 은행이 금을 보관하고 지폐를 바꾸어 주었어.

하지만 이후 여러 나라가 돈을 많이 찍어 내는 바람에

바꾸어 줄 금이 부족해지자 금본위 제도는 사라지고 말았지.

명나라 때의 종이 화폐는 대명통행보초야. 대명통행보초는 존
재하는 가장 오래된 종이 화폐로 현대의 종이돈보다 훨씬 컸어. 세
로 33센티미터, 가로 22센티미터로 가운데에 돈의 단위와 내용이
적혀 있고, 아래쪽에는 지폐 위조에 대한 경고도 함께 적혀 있었지.

원나라 종이 화폐 보초

유럽에 전해진 지폐

유럽 사람들에게 중국의 종이 화폐를 처음 소개한 사람은 마르코 폴로야. 이탈리아의 상인으로 실크로드를 통해 원나라를 다녀왔던 마르코 폴로는 《동방견문록》을 통해 사람들에게 중국의 신기한 종이돈 이야기를 전했지. 하지만 유럽 사람들에게 종이돈은 중국의 실크나 도자기처럼 신기한 동양의 물건 정도로만 여겨졌다고 해.

유럽에 종이 화폐가 등장한 것은 마르코 폴로의 여행 한참 후인 1600년대였어. 영국과 프랑스, 스웨덴 등 유럽 각국에서 비슷한 시기에 종이돈이 만들어졌지.

스웨덴 스톡홀름은행이 발행한 최초의 종이돈

유럽에서 가장 먼저 종이 화폐를 만든 나라는 영국이었어. 프랑스에서는 로앤컴퍼니라는 은행을 세워 은행에서 처음으로 종이 화폐를 만들었어. 스웨덴에서는 최초로 인쇄한 종이돈이 사용되기도 했지.

돈을 맡기고 빌리는
은행의 등장

세계에서 제일 오래된 은행에서 이벤트

1472년 설립된 몬테 디파치시에나 은행 고객 이벤트!

현존하는 가장 오래된 은행은 이태리 메디치 가문이 1472년에 설립한 몬테 디파치시에나 은행이다. 이 은행은 현재도 유럽에서 가장 영향력 있는 금융 기관으로 지점의 수만 해도 무려 3,000개가 넘고, 고객은 4,500만 명이 넘는다. 이 은행에서 일하는 직원의 수만 해도 33,000명이라고. 자산 가치가 수천 조에 이르는 몬테 디파치시에나 은행에서는 고객을 위한 다양한 이벤트를 개최하고 있다.

2019년 은행 신문

1472년에 은행이 세워졌다고요?

은행의 역사가 정말 오래되었네요.
사람들은 어떻게 은행이란 걸 생각해 낸 거예요?

은행의 역사를 알면 재미있는 사실들을 알 수 있단다.

은행을 가장 먼저 만든 사람은 금세공업자들이었어. 유럽에서는 금이 오랫동안 돈 역할을 대신해 왔거든. 변하지 않고 썩지도 않아 안전했지만 무거운 것이 큰 단점이었지. 무엇보다 금을 안전하게 갖고 있기가 쉽지 않았어.

각 도시에는 금세공업자들이 많았는데, 이 사람들은 금을 도둑맞을 위험이 있어서 아주 튼튼한 금고를 가지고 있었어. 사람들은 집에 금화를 두기 불안해지면 금세공업자에게 가져가 맡기곤 했단다. 금세공업자는 사람들이 가져온 금의 무게와 순도를 살펴보고, 보관증을 써 주었지. 보관증을 받아 돌아간 사람들은 금이 필요할 때 세공업자를 찾아와 맡겼던 금을 찾아갔어.

금세공업자에게 금을 맡기는 사람이 늘면서, 보관증이 중요한 역할을 하게 되었어. 금세공업자에게 돈을 맡겨 본 사람들은 보관증만 가져가면 쉽게 금을 찾을 수 있다는 것을 알고 있었던 거야. 그래서 필요할 때마다 금을 찾아가던 사람들은 보관증을 돈처럼 거래하기 시작했어. 은행은 바로 이렇게 시작된 거지.

금을 맡긴 사람들이 한참 후에야 되찾아간다는 것을 알게 된 금세공업자들은 또 다른 돈벌이를 생각해 냈어. 금고 안에 있는 다른 사람의 금을 빌려주고 이자를 받는 것이었지. 물론 금을 맡긴 사람에게는 비밀이었어.

금세공업자들은 남의 금으로 금방 부자가 될 수 있었어. 하지만 비밀은 금방 퍼져 나갔어. 그러자 금을 맡긴 사람들이 금세공업자를 찾아가 당장 금을 내놓으라고 으름장을 놓았지. 금세공업자는 금을 빌려주고 받은 이자를 나주어 줄 테니 제발 계속 자신에게 맡겨 달라고 애원했어. 사람들은 금을 맡기고 이자를 받아 갔고, 금이 필요한 사람은 금세공업자에게 이자를 주고 금을 빌려 갔지. 지금의 은행 이자는 이렇게 생겨났단다.

이탈리아 명문가의 은행들

르네상스 시대에 이탈리아는 유럽 상업의 중심지였어. 이탈리아의 유명한 가문들은 다양한 무역 거래로 큰 부자가 될 수 있었지. 부자가 된 이후에는 갈릴레오를 비롯해 레오나르도 다빈치, 보티첼리 등 가난한 예술가들을 후원하며 이탈리아를 르네상스 시대 유럽의 문화 중심지로 자리 잡게 만들었어.

이탈리아의 상업이 발달하면서 이탈리아의 유명 가문들은 은행업에 진출하기 시작했어. 메디치 가문은 메디치 은행을 만들었는데, 유럽에서 가장 믿을 만한 은행으로 유명했지. 메디치 은행에서는 순금으로 된 금화만 거래했는데, 유럽의 부자들은 메디치 은행을 통해 거래된 금화를 많이 사용했다고 해. 지금의 은행을 뜻하는 뱅크(Bank)라는 말은 이탈리아 금융업자들이 사용하던 탁자 반카(banka)에서 유래한 말이야.

제3의 화폐, 신용 카드

개인 신용 카드 복제 기승
카드 이용자는 누구나 타깃이 될 수 있다!

신용 카드의 복제 방법은 아주 간단하다. 정상적인 신용 카드를 복제기에 '리딩'하면 마그네틱(검은 줄)에 담긴 정보를 빼낼 수 있다. 이렇게 빼낸 정보를 아무 정보도 담기지 않은 공 카드에 복사하기만 하면 복제가 완료된다. 복제기를 구매할 돈과 컴퓨터만 있으면 누구나 범죄를 저지를 수 있기 때문에 카드 이용자라면 누구나 도둑 결제의 타깃이 될 수 있다. 따라서 경찰은 신용 카드 정보를 보호하기 위해 각별히 유의해 달라고 당부했다.

2017년 신용 신문

아, 나도 신용 카드가 있으면 좋겠다.

나는 절대 잃어버리고 복제도 안 당할 자신 있어요!

요즘에는 엄카, 아카라고 해서 엄마 카드나 아빠 카드를

들고 다니는 애들도 많아요.

 어허, 아직 돈도 제대로 관리 못하는 애들이

신용 카드를 가진다는 건 말도 안 돼.

    돈은 인류와 함께 진화한 오래된 사회 도구야. 수천 년의 세월 동안 돈은 모양과 단위, 재료가 바뀌면서 점점 세련되어졌어. 20세기 들어 돈은 지난 수천 년 동안 갖고 있던 모습에서 전혀 다른 모습으로 확 바뀌었지. 더 이상 주머니 속에 돈을 갖고 다닐 필요가 없어졌으며, 심지어 돈 없이도 원하는 물건을 내주기까지 하니까 말이야. 신용을 바탕으로 만들어진 돈의 세계는 사회를 새롭게 바꾸고 있지.

작고 네모난 신용 카드의 탄생

성인의 지갑에는 거의 대부분 서너 장의 작고 네모난 플라스틱 신용 카드가 들어 있어. 요즘은 신용 카드가 없으면 바깥에 못 나

갈 정도로 필수품이 되어 버렸지. 신용 카드의 탄생은 한 사업가의 곤란했던 경험 때문에 이루어질 수 있었어!

1950년 미국의 뉴욕에서 한 사업가가 친구들과 만찬을 즐기고 있었다고 해. 식사를 마친 사업가는 식당 주인에게 계산서를 달라고 요청했대. 그런데 주머니 속에 있어야 할 지갑이 감쪽같이 사라졌지 뭐야. 사업가는 친구들의 도움으로 곤란한 상황을 넘길 수 있었어. 친구들은 자신들도 그런 경험이 있다며 오히려 사업가를 위로해 주었지.

사업가는 현금을 갖고 있지 않더라도 언제든 식사를 하고, 나중에 돈을 가져다줄 수 있다면 편하겠다는 생각을 하게 되었다는구나. 사업가는 자신의 변호사와 함께 돈 없이도 마음 편하게 식사를 할 수 있는 방법을 고민했어.

그들이 생각해 낸 방법은 회원제로 운영되는 외상 시스템이었지. 회원들은 지정된 식당에서 식사를 한 후 서명만 하면 돼. 그리고 정해진 기일 내에 돈을 가져다주는 것이 바로 신용 카드의 시작이었지. 사업가는 저녁 식사를 하는 모임이라는 뜻으로 카드에 '다이너스클럽'이라는 이름을 붙였어. 사업가의 친구와 주변 사람 중심으로 200여 명의 회원을 모집한 뒤, 14개의 지정 식당을 섭외했지. 회원들은 다이너스클럽이라고 적힌 카드만 보여 주면 언제든지 식사를 즐길 수 있었어. 다이너스클럽은 현대식 신용 카드의 원조로 불리고 있단다.

사실 우리가 쓰고 있는 많은 발명품 중에는 소설이나 영화 속 아이디어에서 출발하고 있는 것들이 있어. 신용 카드라는 단어 역시 가장 먼저 등장한 곳은 소설 속이었어.

에드워드 벨라미는 1887년《뒤를 돌아보면서》라는 소설을 발표했는데, 소설 속에서 주인공은 2000년의 미래 세계에서 잠을 깨고 지금까지 보지 못했던 새로운 세상을 경험하게 돼. 이때 등장한 것이 바로 크레디트카드(신용 카드)란다. 주인공은 돈 없이 생필품이나 필요한 물건을 살 수 있지. 소설 속에 등장한 크레디트카드는 몇 년 후 실제로 호텔이나 석유 회사 등에서 단골 고객들의 편리를 위한 고객 카드 형태로 선보이게 되고, 점차 신용을 바탕으로 한 선거래, 후 지불 시스템으로 발전할 수 있었지.

현금 대신 전자 화폐

지자체 전자 화폐 개발에 나서

전국 지자체가 전자 화폐 활성화에 발 벗고 나서다!

대전시 자치구 중 최초로 도입하는 지역 화폐 대덕e로움은 오는 6월 말 출시되며 50억 원 규모로 발행된다. 환전차익거래(일명 깡) 문제 해소와 가맹점 모집 편의성을 고려해 종이 상품권이 아닌 전자카드 형태로 발행될 것이라고 한다.

지역 경제를 활성화시키기 위한 것으로 최대 10%의 할인을 받을 수 있다는 장점이 있다.

2019년 지역 신문

전자 화폐? 지역 화폐? 그게 뭐예요?

 해당 지역에서 쓸 수 있는 카드인데, 충전한 금액 내에서
현금처럼 쓸 수 있고 할인도 받을 수 있어.
그래서 전자 화폐 혹은 지역 화폐라고 부르지.

쓰는 사람은 할인받을 수 있고,
지역 경제를 살릴 수 있으니 좋은 것 같아요.

전자 화폐는 물건을 살 때 실제 화폐를 내는 것이 아니라 전자 신호를 보내 돈을 내겠다는 표시를 하도록 만들어진 것이란다. 전자 화폐라고 하면 굉장히 어려워 보이지만 실제 우리 생활에서 사용되고 있는 전자 화폐를 보면 원리는 간단해.

전자 화폐의 종류

요즘은 버스를 탈 때 현금을 내는 사람이 거의 없어. 대신 후불식 신용 카드나 티머니라는 작은 플라스틱 카드를 카드 단말기에 대잖니. 티머니 카드 안에는 이미 내가 저장해 놓은 돈이 전자 신호로 바뀌어 들어가 있어. 카드 단말기에 티머니 카드를 갖다 대면 전자 신호로 나의 정보와 이용 시간 등이 기록되고, 그 결과에 따

라 적당한 요금이 정산되도록 프로그램 되어 있지.

전자 화폐는 두 종류가 있는데 티머니처럼 IC 카드칩을 카드에 심어 놓은 플라스틱 카드와 인터넷으로 거래할 수 있는 네트워크형 사이버 머니가 있어. 플라스틱 카드는 카드 속에 IC 칩이 내장되어 있는데, 아주 작은 컴퓨터를 카드 속에 집어넣었다고 이해하면 쉬울 거야. 우리가 쉽게 볼 수 있는 충전용 카드들이 모두 해당돼. 플라스틱형 카드의 경우, 필요한 만큼 돈을 충전할 수 있으며, 일종의 선불형 결제 시스템이라 볼 수 있으니까.

네트워크형 전자 화폐는 가상의 통장을 하나 만들어 인터넷을 통해 가상 통장에서 돈이 빠져나가게 하는 방식이야. 사람들은 자신의 통장에 들어 있는 돈을 가상 통장으로 필요한 만큼 옮겨 놓고, 결제할 때 가상 통장을 통해 돈이 빠져나가도록 만드는 것이지. 예를 들어 카카오톡의 초코라든가 인터넷 게임머니, 싸이월드의 도토리가 대표적인데, 사이버 머니나 e-캐시로 부르기도 한단다.

플라스틱 카드로 된 전자 화폐의 경우, 충전한 사람이 누구이며, 누가 사용하는지 알 수가 없어. 하지만 네트워크형 전자 화폐는 대부분 개인 정보와 연결되어 있어서 누가 충천하고 누가 사용했는지 금방 알 수 있지. 하지만 해킹이나 위조, 변조에 대한 위험성이 남아 있으며, 다른 나라에서도 쉽게 이용할 수 있어 세금 탈세의 통로로 사용될 수 있다는 문제점이 있긴 해.

전자 화폐가 처음 사용된 것은 1995년 영국 런던이었어. 몬덱스 사는 영국의 이동통신회사, 은행, 지방 정부 등과 연계해 새로운 지불 시스템을 만들었지. 몬덱스 카드는 은행에서 돈을 이체해 사용하도록 만들어졌는데 지금 우리가 쓰는 전자 화폐보다 편리한 기능을 많이 갖고 있었다고 해. 모양은 티머니처럼 플라스틱 카드 형태로 생겼고, 결제 기능뿐 아니라 개인 간 이체도 가능했어. 개인 사이에서 돈을 이체할 때 은행을 거치지 않고 몬덱스 카드끼리 돈을 주고받을 수 있는 개방형 시스템이었지. 처음에는 투자비 등의 문제로 빠르게 퍼지지 못했지만 지금은 영국의 많은 대학생들이 몬덱스 카드를 즐겨 쓰고 있단다.

실물이 없는 가상 화폐

삼성전자, 자체 가상 화폐 내놓을 수도!

삼성전자가 자체 기술로 가상 화폐 개발에 나설까?

가상 화폐 전문매체 코인데스크에 따르면 삼성전자는 블록체인 기술을 활용한 자체 가상 화폐를 출시하는 계획을 검토하고 있다. 삼성전자의 가상 화폐는 비트코인 등 일반 가상 화폐와 같이 거래소에서 누구나 사고팔 수 있는 형태가 될 가능성이 높다. 삼성 가상 화폐는 모바일 결제 서비스 '삼성페이'와 가상 화폐를 연동해 이용할 수 있도록 지원할 수도 있을 것이다. 2019년 비즈니스 신문

비트코인이라는 말은 많이 들었는데
우리가 직접 만질 수 있는 돈이에요?

비트코인은 실체는 없지만 가치는 있는 돈이야.
비트코인처럼 실물이 없고 사이버상에서만 존재하는 새로운 돈을
가상 화폐라고 부르지.

2009년 1월, 네티즌들은 지금까지 보지 못했던 새로운 화폐의 등장에 깜짝 놀랐어. 얼굴도, 직업도, 남자인지 여자인지도 모르는 나카모토 사토시라는 사람이 컴퓨터 속에 돈을 숨겨 놨으니 아무나 마음껏 찾아가라는 메시지를 보내 왔던 거야.

나카모토 사토시는 자신이 만든 화폐에 비트코인이라는 이름을 붙였지. 디지털 데이터의 최소 단위인 비트에 동전(coin)을 결합시킨 말이란다. 비트코인은 다른 화폐와 다르게 기업이나 국가가 아닌 개인이 직접 화폐를 발행할 수 있어. 개인이 비트코인을 발행하려면 수학 문제를 풀어야만 해. 이 수학 문제는 컴퓨터 몇 대를 동시에 움직여야 풀 수 있을 만큼 어렵지.

비트코인을 얻는 것이 마치 광산에서 보석을 캐는 것과 같다고 해서 비트코인을 캔다고 표현하며, 캐는 사람을 광부에 비유해.

그렇다면 성능 좋은 슈퍼컴만 있으면 비트코인을 무한정 발행할 수 있을까? 비트코인은 2100만 비트코인이 발행되면 더 이상 비트코인을 발행할 수 없도록 설계되어 있어. 전 세계의 네티즌들

은 수학 문제를 열심히 풀었고 머지않아 비트코인이 바닥날 것이라고 예상하고 있지.

맨 처음 비트코인이 등장할 때만 해도 구하기 어려운 인터넷 아이템 같은 느낌이었어. 하지만 점점 비트코인에 대한 관심이 높아지고, 직접 거래하는 사람이 생기면서 비트코인은 실물 화폐처럼 돈의 가치를 지니게 되었지. 비트코인 통장을 개설한 사람들은 직접 비트코인을 거래하고 있어. 은행이나 다른 제3자를 거치지 않고 개인끼리 거래할 수 있다는 것은 가상 화폐의 가장 큰 장점이지.

컴퓨터 속 돈이 현실 세계로

돈의 가치를 지니게 된 가상 화폐들은 점점 현실 세계에 모습을 드러내고 있어. 어떤 사람들은 게임 속 아이템을 갖기 위해 수십, 수백만 원을 지불하지. 게임 아이템과 현금을 교환한다는 것은 아이템이 현금과 맞먹는 물물 교환 능력을 갖추었다는 뜻일 거야. 물론 게임 아이템이 공식적인 가상 화폐는 아니지만 충분히 가상 화폐의 기능을 하고 있는 것이지.

비트코인은 실제 생활에서도 막강한 힘을 갖춰 가고 있어. 홍대입구나 이태원, 대학가를 다니다 보면 비트코인을 받는다는 표시를 쉽게 볼 수 있거든. 옷 가게, 술집, 편의점 등 분야도 다양해져 비트코인을 현금처럼 쓸 수 있게 된 것이지.

가상 화폐에 대한 사람들의 관심이 높아지는 만큼 부작용도 만만치 않단다. 최근 들어 불법적인 서비스를 받거나 남을 협박할 때 비트코인을 요구하는 사건이 벌어지고 있어. 비트코인의 발행이나 사용 시 개인 정보가 드러나지 않는다는 특성 때문에 범죄에 이용되는 거야.

컴퓨터 사용자들을 불안에 떨게 했던 랜섬웨어 바이러스 공격 때 기업을 공격한 해커들은 데이터를 볼모로 비트코인을 요구하기도 했단다.

저축으로 돈 불리기

딸   아빠, 유태인들은 열세 살이 되면 몇 천 만 원이나 용돈을
받는다던데요?

아들   헉, 몇 천 원이 아니고 몇 천 만 원이라고?

엄마   그렇게 큰돈을 애들한테 준다고?

아빠   유태인들은 열세 살이 되면 성년식을 치르기 때문에
그런 돈을 받는 거야.

성년식은 말 그대로 어른이 된 것을 축하하는 행사잖아.
우리나라에선 스무 살이 되어야 성년식을 치르지. 하지만
유태인들은 열세 살이 되면 성인처럼 모든 것을 책임져야
한다고 배운단다.

유태인들은 성년식 날이 되면 모든 친척들이 모여서 축
하 파티를 연다고 해. 그리고 친척들이 조금씩 돈을 모아서
선물로 주지. 적게는 200달러에서 많게는 1000달러 이상 돈
을 주는 거야. 이 돈이 모이면 4~5만 달러 이상의 큰 금액이
된단다. 우리 돈으로 치면 약 4000~5000만 원 정도 되는

큰돈이지.

성년이 된 유태인들은 이 돈을 함부로 펑펑 쓰지 않아. 이 돈은 자신이 대학을 졸업하고 사회생활을 시작할 때 쓸 '종잣돈' 또는 '쌈짓돈'이니까. 유태인들은 친척과 지인들이 마련해 준 돈을 이용해서 재테크 하는 법을 배우지. 스무 살이 넘어서 경제에 대해 본격적으로 생각하고, 고민하는 우리나라 아이들과는 정말 다르지?

아들　엄마, 제가 그동안 받은 세뱃돈을 모두 돌려주세요.
　　　이제부턴 제가 직접 재테크를 해야겠어요.

엄마　세, 세, 세뱃돈이라니? 그건 다 너희들이 썼지!

성인식 날 큰돈을 받은 유태인들은 그 돈을 여러 가지 방법으로 재테크한단다. 어떤 사람은 필요할 때 언제든지 돈을 맡기거나 찾을 수 있는 저축인 보통 예금을 들겠지. 이건 언제든지 돈을 찾을 수 있다는 장점은 있지만 이자가 매우 적은 편이야. 좀 더 많은 이자를 받고 싶다면 정기 예금에 들 거야. 이건 목돈을 한꺼번에 맡긴 후, 정해진 기간이 지난 다음에 약속한 이자와 함께 찾을 수 있는 저축이거든. 또 어떤 사람은 일정 기간 동안 매달 일정한 돈을 은행에 넣

종류	장점	단점
보통 예금	입출금이 자유롭게 가능하다.	이자가 매우 적다.
정기 예금	목돈을 일정 기간 예금해 이자율이 보통 예금보다 높다.	목돈이 있어야 하고 이자가 그다지 높지 않다.
정기 적금	이자가 가장 높다.	일정 기간 매달 돈을 저축해야 한다.
펀드, 주식	투자를 잘 하면 큰 수익을 얻을 수 있다.	원금 손실이 클 수 있다.

으면, 정해진 기간이 지나서 높은 이자와 함께 찾을 수 있는 저축인 정기 적금을 들기도 할 거야.

딸   어떤 게 더 좋은 걸까?

아들   내 생각엔 이자를 제일 많이 주는 상품이 좋을 것 같아.

큰 수익을 얻으려면 펀드나 주식 같은 것에 투자를 하는 방법도 있겠지. 하지만 이런 건 수익성이 높은 만큼 위험 부담도 크거든. 그래서 유태인들은 성인식 때 받은 돈을 안전하게 예금해 두는 편이라고 하더구나.

그럼 은행이 없던 먼 옛날엔 돈을 어떻게 저금했을까? 사람들은 돈을 남모르는 장소에 묻어 두거나 몰래 감춰 두었지. 그때마다 마음이 조마조마했을 거야. 돈을 누가 가져가

면 어떡하나, 잃어버리면 어떡하나 얼마나 떨렸겠어. 하지만
은행이 생긴 뒤 그런 걱정은 사라졌지. 돈을 은행에다 예금
해 두면 원금을 안전하게 지킬 수 있을 뿐만 아니라 이자도
받을 수 있으니까.

> 아들   아빠, 저는 금방 돈이 불어나는 그런 예금이나 적금이 있었으면
> 좋겠어요. 몇 년씩 기다려야 이자를 받는 그런 금융 상품은
> 도저히 기다릴 자신이 없어요.
>
> 딸   그래, 적금이든 뭐든 깨서 쓰겠지.

적금이 만기되는 걸 기다리기 힘들면 다른 방법의 예금
을 해 보는 건 어때? 돈도 모으면서 재미도 느낄 수 있는 방
법 중엔 '풍차 돌리기'라는 것도 있어.

이건 정해진 기간 내에 매월 새로운 적금 또는 예금에 가
입, 다수의 통장을 차곡차곡 쌓아 가는 것이지. 적금은 정
해진 기간 안에 해지를 하면 손해가 크거든. 그래서 이 방법
을 이용하면 중도 해지했을 때 입는 손해도 최소화되고, 순
서대로 다가오는 만기 해지 원리금을 재투자해 복리 효과도
노릴 수 있지.

아빠   예를 들어 1년 만기, 10만 원으로 올해 4월부터 적금에
가입한다면 4월에 A적금에 10만 원을 예치하고 5월에 A적금에
10만 원을 추가 예치한 뒤 B적금에 새로 가입해 10만 원을
예치하는 거야.

아들   6월에는 A적금, B적금에 10만 원을 각각 추가 예치하고,
C적금을 새로 가입해 10만 원을 또 예치하고요?

엄마   오호, 이런 방식으로 저축하면 A~L(12개) 적금에 각각
10만 원씩 총 120만 원을 예치할 수 있겠네요!

내용	4월	5월	6월	7월	8월
A 적금	10만 원	10만 원	10만 원	10만 원	10만 원
B 적금		10만 원	10만 원	10만 원	10만 원
C 적금			10만 원	10만 원	10만 원
D 적금				10만 원	10만 원
E 적금					10만 원
:					
	A~E 적금에 각각 10만 원씩 적금을 들면 1년 만기 때 매달 순차적으로 적금을 받을 수 있다.				

돈을 모으는 것도 중요하지만 지출을 얼마나 줄이느냐도
아주 중요하단다. 열심히 돈을 모은 만큼 생각 없이 써 버린
다면 저축한 노력이 헛고생일 테니까. 그래서 요즘 사람들

사이에선 자린고비식 재테크인 '짠테크'가 유행한다더구나. 이 말은 '짜다'와 '재테크'를 더한 합성어야. 자신이 가진 돈에서 최대한 안 쓰고 아끼는 거지. 예를 들어 식사 후에 마시는 커피 한 잔 값을 매달 아껴서 적금을 드는 거야. 매일 4000원의 커피 값을 아끼면 한 달에 12만 원을 절약할 수 있잖아.

돈에 대한
기본적인 상식

많은 사람들이 돈을 생각할 때 마치 처음부터 세상에 있었던 것 같다고
착각하는데, 돈은 사람들이 필요에 의해 만들어 낸 사회 도구 중
하나일 뿐이야. 우리가 원하는 것을 사거나 팔 때 주고받는 매개물인 거지.

돈에도 종류가 있다고?

유로화의 15번째 생일
세계 2위 무역 결제 통화가 탄생한 지 15년

미국 달러화에 이어 세계 2위 무역 결제 통화인 유로화가 1일로 '15세 생일'을 맞았다. 유로화는 1999년 독일, 프랑스, 이탈리아 등 유럽 주요 11개국이 통화 동맹을 결성하면서 등장했지만 법정 화폐로 시장에 유통된 것은 2002년 1월 1일부터다.

2017년 1월 2일 세계 뉴스

우리나라 돈은 원화, 일본 돈은 엔화, 미국 돈은 달러잖아요.
유로화는 어느 한 나라의 돈이 아니란 거죠?

유럽 주요 11개국이라잖아.

 맞아, 유럽에 있는 몇몇 나라들이 이제부터 같은 돈을 쓰자고
동맹을 맺으면서 2002년부터 유로화를 쓰기 시작했단다.

　2002년 유럽에서는 지금까지 존재하지 않았던 새로운 돈이 탄생했어. 1991년 12월 유럽 통합 조약을 채결한 지 꼭 10년 만의 결과였지. 유럽 돈의 새로운 이름은 '유로'로 정해졌으며, 지금 세계에서 두 번째로 많이 사용되는 돈이 되었단다.

　많은 사람들이 돈을 생각할 때 마치 처음부터 세상에 있었던 것으로 착각하는데, 돈은 사람들이 필요에 의해 만들어 낸 사회 도구 중 하나일 뿐이야. 우리가 원하는 것을 사거나 팔 때 주고받는 매개물인 거지. 일상생활에서는 주로 국가에서 만든 지폐나 동전을 사용하지.

　돈은 유로화처럼 필요에 의해 새로 만들어지기도 하고, 없어지기도 한단다. 새로 만들어진 돈은 또 어떤 게 있을까? 요즘 유행하는 비트코인과 같은 전자 화폐도 새로 만들어진 돈이야. 또 수표나 어음도 물건을 사거나 거래를 할 수 있으니 넓은 의미에서 돈의 일종으로 볼 수 있지.

국가에서 정해서 쓰는 고유 통화

가장 익숙하고 많이 사용하기 때문에 화폐 하면 종이돈과 동전이 먼저 떠오를 거야. 국가에서는 화폐의 모양과 단위를 정해 국민들에게 공표하고, 그 나라 안에서 쓰도록 해. 이처럼 국가에서 만든 지폐나 동전을 유통 화폐 즉, 통화라고 불러. 각 나라마다 자신들만의 화폐를 사용하고 있는데, 이런 화폐를 고유 통화라고 하지.

우리나라 화폐 단위는 원으로 정해져 있어. 미국의 달러, 일본의 엔, 중국의 위안, 영국의 파운드처럼 나라마다 고유 화폐 단위를 사용해. 그러니까 한마디로 유로화는 유럽 대륙의 고유 통화인 셈이지.

이처럼 나라마다 고유 통화가 만들어지기 전 사람들은 서로 필요한 물건을 맞바꾸는 방식으로 얻었어. 특히 사람들이 쉽게 구할 수 없는 금이나 은, 향신료 등은 중요한 돈 대용품이었지. 이러한 것들을 '실제 물건을 화폐로 사용한다'고 해서 실물 화폐라고 부르기도 한단다.

요즘 사람들은 대부분 돈을 은행에 보관해. 안전하고 편리하게 돈을 보관하고 거래하기 위해서이지. 은행에서는 사람이 갖고 있는 돈을 지폐나 동전으로 내주지 않고 간단하게 증서를 만들어 주기도 해. 대표적인 것이 수표나 어음인데, 이러한 것들은 예금 화폐라 부른단다.

수표는 많은 양의 현금이 필요할 때 편리하게 사용하기 위해 만들어진 종이 증권이란다. 수표에 필요한 금액만큼 기록한 다음 은행이 보증한다는 표시를 해 주면 그때부터 지폐처럼 쓸 수 있지. 어음은 정해진 시간에 종이에 표시된 돈을 지급하겠다는 증권으로, 회사나 국가 등에서 발행할 수 있어.

컴퓨터와 인터넷이 빠르게 확산되면서, 사이버 세상에서만 쓸 수 있는 화폐도 생겨났어. 싸이월드, 인터넷쇼핑몰 등 특정 사이트에서 쓸 수 있는 사이버머니가 대표적이지. 싸이월드는 현금을 도토리로 바꾸어서 아이템을 사거나 서비스를 이용할 때 실제 돈처럼 쓸 수 있게 했지.

사이버머니 이름이 도토리라니 이상해요.

물건을 살 때 도토리를 주는 걸 상상해 보니 너무 귀여워요!

앞에서도 알아봤듯이 최근에는 새로운 암호 기술인 블록체인 기술을 바탕으로 등장한 비트코인을 비롯한 다양한 가상 화폐가 등장하고 있단다.

돈이 불어나는
이자 계산

미국 금리 인상으로 인한 경제 파동

4년 만에 3% 이상 오른 금리 때문에 가계에 큰 부담!

은행 금리가 크게 오르고 있다. 2013년 5월 이후 4년여 만에 3% 대로 인상되었다. 미국의 금리 인상에 따른 자금 시장의 압박으로 한국은행에서는 한 차례 더 기준 금리를 올릴 것으로 예측되고 있다. 금리 인상은 주택담보대출이나 신용대출자들의 가계에 큰 부담이 될 것으로 예상되어 정부가 대책을 강구 중이다.

2018년 11월 경제 뉴스

금리가 오르면 생활이 왜 힘들어지는 거예요?

은행이랑 관련이 있는 거 아닐까요?

 금리와 생활에 대해서 말하기 전에
일단 금리가 뭔지 알아야겠지?

금리는 빌려준 돈이나 예금 따위에 붙는 이자 혹은 이자율을 말해. 은행은 돈을 맡기기도 하고 빌릴 수도 있는 곳이야. 은행은 누군가 돈을 맡기면 필요한 다른 사람에게 그것을 빌려줘. 이때 돈을 맡긴 사람과 은행은 돈을 빌려 간 사람에게 일정한 비율만큼 돈을 받는데 이걸 이자라고 하지. 정해진 기간에 얼마만큼의 이자를 줄 것인지 그 비율을 나타낸 것을 금리라고 한단다.

이자를 계산하는 방법

돈을 빌린 사람은 돈을 사용한 대가로 은행에 이자를 지불하고, 돈을 맡긴 사람은 은행으로부터 이자를 받아. 그런데 똑같은 1000만 원의 돈을 은행에 맡기더라도 모든 사람들이 똑같은 금액의 이자를 받는 건 아니란다. 돈을 맡긴 기간이나 방법, 금리 산정 방식 등에 따라 받는 이자는 크게 달라질 수 있거든.

이자는 계산하는 방법에 따라 단리와 복리로 나눌 수 있어. 단리는 원래 맡긴 원금에 대해 일정한 비율만큼 이자를 주는 방식이지. 이건 복잡할 수 있어서 예를 들어서 설명해 줄게.

만약 1000만 원에 대해 5%의 이자를 10년 동안 단리로 받는다고 가정해 보자. 1000만 원의 5%는 50만 원이니까, 돈을 맡긴 사람은 매년 50만 원의 이자를 받을 수 있겠지? 10년 동안 단리로 이자를 받게 되면 10년 동안 총 500만 원의 이자를 받게 될 거야. 그래서 10년 후 총액은 15,000,000원이 되는 거고.

복리는 원금뿐 아니라 불어나는 이자에 대해서도 이자를 받는 방법이야. 똑같이 1000만 원에 대해 5%의 이자를 10년 동안 복리로 받는다고 가정해 보자. 이 경우 1년이 지나면 단리와 똑같이 50만 원의 이자를 받아. 하지만 2년째부터 이자가 달라져.

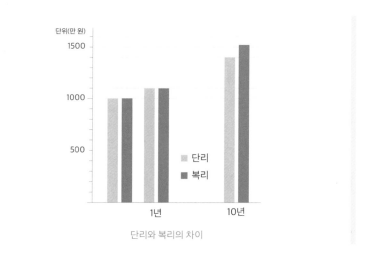

단리와 복리의 차이

1년 후 총액 1050만원에 대해 다시 5%의 이자를 받을 수 있어. 그러면 2년째가 되었을 때 총액은 11,025,000원이 돼. 그렇게 10년 동안의 이자를 복리로 계산하면 총액은 16,288,900원이 되는 거야.

처음 시작은 똑같이 1000만 원이었지만, 단리였는지, 복리였는지에 따라 10년 후의 총액은 달라질 수 있어. 1년째는 똑같지만 복리의 경우 원금을 맡기는 기간이 길면 길수록 더 큰 이익을 얻을 수 있지. 은행에서 추천하는 상품을 고를 때 단리, 복리만 알고 있어도 큰 도움이 된단다.

오르락내리락
돈의 가치

환율 시장 불안정으로 금융 위기
우리나라의 화폐 가치 계속 떨어져!

외환 위기로 원화 환율이 상승했다. 우리나라의 경제 상태가 불안
해지면서 환율 시장이 불안정한 상태를 보이고 있는 것이다. 지난
해, 달러당 1100원이었던 환율은 현재 1600원에 육박하며 고공
행진을 이어가고 있다. 당분간 이와 같은 고환율 시장이 계속 될
것으로 전문가들은 예측하고 있다.   1998년 3월 경제 신문

환율이 올라가면 안 좋은 건가요?

 그렇지. 우리나라 안에서는 '원' 단위의 한국 돈을 쓰지만
한국 돈은 외국에 나가면 쓸 수 없지.
환율이 올라가면 우리 돈의 가치가 낮아지거든.

다른 나라 돈으로 바꿀 때 환율에 따라
돈의 액수가 적기도 하고 많아지기도 하는 거죠?

으아, 무슨 말인지 하나도 모르겠다!

각 나라의 돈은 모두 같은 가치를 갖고 있지 않단다. 1달러와 우리나라 돈 1원으로 살 수 있는 물건은 크게 차이가 나지. 그래서 외국돈과 우리 돈을 맞바꿀 때는 비슷한 가치만큼 서로 교환을 하게 되는데, 이것을 환율이라고 해.

1997년 우리나라는 외환 위기를 겪으면서 IMF(국제 통화 기금)의 관리 감독을 받았어. 당시 한국의 경제 상황은 최악이어서, 외국으로부터 빚을 내어야 할 형편이었어. 경제 상황이 나빠지자, 외국 돈에 비해 우리나라 돈의 가치는 급격히 떨어졌고, 외국에서 공부하던 학생들은 학비가 오르지 않았어도 더 많은 우리나라 돈이 필요해졌어. 결국 학비를 감당하지 못하고 외국으로 유학을 떠났던 많은 학생들이 귀국했지. 한국에서 외국으로 보내던 생활비와

학비가 급격하게 높아져, 학부모들이 도저히 감당할 수 없었기 때문이야.

살아 있는 것처럼 바뀌는 환율

돈은 마치 살아 있는 생물과 같아서 주변 상황에 따라 가치가 커지기도 하고 떨어지기도 해. 우리나라 경제가 안정되고 튼튼할 때 우리 돈의 가치는 올라가. 하지만 경제가 불안하고, 외부의 위험 예컨대 북한과의 관계가 좋지 않을 때는 우리나라 돈의 가치가 떨어지지. 가치가 올라가게 되면 조금만 주고도 많은 양의 외국돈과 바꿀 수 있지만, 가치가 떨어질 때는 오히려 우리나라 돈을 더 많이 주어야 외국돈과 바꿀 수 있단다. 국가와 세계의 경제 상황에 따라 돈의 가치는 계속 바뀌고 환율도 그때마다 달라져.

환율이 떨어지면 그만큼 적은 우리나라 돈으로 그 나라 돈을 많이 바꿀 수 있으니까 여행객들에게는 좋은 기회가 되기도 하지. 이처럼 외국 돈과 우리나라 돈을 맞바꾸는 것을 환전이라고 해. 해외여행 갈 때 공항에 있는 은행이나 환전소에서 환전하는 걸 본 적 있지? 은행에는 각 나라 돈의 가치를 볼 수 있도록 달러로 표시하고, 살 때와 팔 때의 가격을 함께 알아볼 수 있도록 하고 있어. 환율은 매일 달라지니까 환전을 할 때에는 바꾸려고 하는 돈의 가치가 가장 낮을 때를 선택하면 더 이득을 볼 수 있지.

그럼 그 나라 돈의 가치는 누가 정하는 거예요?

대통령끼리 만나서 정하지는 않겠죠?

옛날에는 각 나라의 정부에서 자기 돈의 가치를 정해 발표했어. 그 나라 정부가 발표한 값대로 국제 시장에서 거래되었지. 그때는 환율이 한번 정해지면 잘 변하지 않아서 사람들은 외환 시장을 예측하여 거래할 수 있었어. 하지만 빠르게 변하는 세계 경제 상황을 제때 반영하지 못하자 사람들의 불만이 터져 나왔어. 그래서 지금은 정부가 정하는 것이 아니라, 외국 돈을 거래하는 시장(외환 시장)에서 외국 돈을 구입하려는 사람과 판매하려는 사람들끼리 가격을 정해 거래하고 있단다.

시장 상황을 잘 반영하게 되었지만 대신 환율은 쉽게 변해. 시장의 위험성이 커지니 은행에서는 외환 시장에서 거래되는 외국 돈의 가치를 확인해서 사람들에게 알려 주고 있지.

은행이 다 똑같지는 않아!

제2금융권으로 몰리는 가계 대출
제1금융권의 대출이 점점 어려워지고 있어!

최근 들어 제2금융권을 통한 가계 대출이 크게 증가하고 있다. 여러 가지 규제 정책으로 은행을 통한 대출이 어려워지자, 비교적 규제가 적은 제2금융권으로 사람들이 몰리고 있는 것이다. 전문가들은 은행 규제 강화에 따른 일종의 풍선 효과로, 당분간 제2금융권의 대출 규모는 줄어들지 않을 것으로 전망했다.

2018년 11월 경제 뉴스

제2금융권? 여긴 은행이 아닌 거예요?

 돈을 맡긴다고 하면 대부분 자연스럽게 은행을 떠올릴 거야.

하지만 돈을 맡길 수 있는 곳이 은행만 있는 것은 아니란다.

은행이 아닌 곳에 돈을 맡긴다고요?

은행이나 증권 회사를 보통 금융 기관이라고 하잖아. 금융은 돈을 상품화해서 거래를 하고 이자를 주고받는 여러 가지 활동을 말하는 거야. 돈을 갖고 있는 사람과 필요한 사람들에게 금융 서비스를 제공하는 곳은 모두 금융 기관이라 할 수 있지. 하지만 모든 금융 기관이 똑같은 조건으로 돈을 관리하고 거래하는 것은 아니란다. 나라에서 금융 기관의 자금을 보호해 주는지, 언제든지 돈을 맡기고 찾아갈 수 있는지 등 여러 기준에 따라 분류할 수 있지.

은행에도 1, 2, 3등이?

금융 기관을 나누는 첫 번째 기준은 은행인가 아닌가 하는 것이란다. 은행과 나머지 금융 기관을 은행권과 비은행권으로 구분하거든. 비은행권에는 증권 회사를 비롯해, 보험 회사, 신용 금고 등 은행을 뺀 모든 돈 거래소가 포함돼.

우리가 잘 알고 있는 은행들은 모두 제1금융권이란다. 시중 은행들은 대부분 대도시에 본점을 두고 작은 도시나 지방에 지점을 두고 있지. 외환은행, 하나은행, 국민은행, 우리은행, 신한은행, 기업은행 등이 시중 은행에 포함돼.

　은행 중에는 서울이나 부산 같은 대도시가 아닌 특정 지방을 중심으로 활동하는 곳도 있어. 강원은행, 대구은행 등 지역 이름을 딴 은행들이 대표적인 예이지. 이 외에도 한국은행을 비롯해 산업은행, 수출입은행 등 국가가 관리하는 특수 은행들도 제1금융권에 포함돼.

　제2금융권은 보험 회사, 신탁 회사, 증권 회사, 신용 카드사, 종합 금융회사 등 은행이 아닌 금융 기관들을 통틀어 가리키는 거야. 제1금융권이 중앙은행의 규제와 엄격한 감독을 받는 반면 제2금융권은 좀 더 자유롭지.

　은행은 고객이 원하면 언제든지 돈을 맡겼다 찾아갈 수 있지만 제2금융권에서는 이런 금융 상품을 취급할 수 없어. 그런데 제2금융권에서도 은행처럼 돈을 자유롭게 맡겼다 찾아갈 수 있는 요구 불예금을 취급할 수 있는 기관이 있어. 바로 상호저축은행이야. 이

곳은 금융결제원의 관리를 받고 있지. 신용 등급이 낮은 서민들이 좀 더 쉽게 돈을 이용할 수 있도록 만들어진 기관이어서 일반 은행에 비해 이자가 조금 높은 편이야.

제1금융권, 제2금융권이 공식적인 제도권 내의 금융 기관이라면 제3금융권은 제도권 밖의 금융 기관이란다. 대부업이나 사채업이 이에 해당되며, 제1금융권, 제2금융권에 비해 대출 등의 조건이 까다롭지 않아. 대신 이자율이 높아 잘못 이용하면 큰 피해를 입을 수 있으니 신중해야 한단다.

은행에 있는 돈은 안전할까?

부실 금융 기관 줄줄이 도산
은행마저 안전하지 않다는 불안에 떠는 서민들!

금융위원회는 최근 자산의 건전성이 떨어진 부산상호저축은행과 대전상호저축은행을 부실 금융 기관으로 지정, 영업 정지 처분을 내렸다. 뉴스를 접한 은행 고객들은 돈을 잃게 될까 불안해하며, 은행 창구로 모여들어 한때 은행 업무가 마비되기도 했다. 관계 당국은 예금자보호법에 따라 원금 기준 1인당 5000만 원까지 보호를 받을 수 있다며, 불안해하지 말 것을 당부했다.

2011년 2월 경제 뉴스

은행은 돈을 안전하게 보관할 수 있다고 했잖아요.

혹시 은행이 망하기도 해요?

에이, 은행이 어떻게 망하겠어.

 아니, 은행도 망할 수 있지.

은행 역시 기업이니까 말이야.

은행은 사람들에게 금융 서비스를 제공하는 기업이란다. 어느 기업이든 수익이 떨어지고 시장이 불안해지면 위험해질 수 있지. 그런데 만약 은행이 위험해진다면 내가 맡긴 돈은 어떻게 될까?

우리나라에서는 2011년 대출 및 위험 자산 투자로 30여 개의 상호저축은행들이 영업 정지를 당했어. 정부의 영업 정지 발표 후 불안해진 고객들은 은행으로 몰려들었고, 순식간에 은행에 쌓여 있던 돈이 빠져나갔어. 이렇게 갑자기 은행에서 많은 돈이 인출되는 현상을 '뱅크런'이라 부르는데, 이 때문에 영업 정지를 당한 은행들은 파산할 수도 있어.

영업 정지 발표가 나오고 정부에서는 뉴스를 통해 지속적으로 예금을 보호받을 수 있으니 걱정하지 말라는 뉴스를 내보냈어. 우리나라는 1997년부터 예금자보호법을 시행하고 있거든. 정부가 허가한 은행이나 증권사, 보험사에 돈을 맡겼을 때 금융 기관이 파산하더라도 나라에서 예금액을 보상해 준다는 법이지. 예금자보호법 덕분에 사람들이 안심하고 은행에 돈을 맡길 수 있는 거란다.

5천만 원까지 책임지는 예금자보호법

금융 기관들은 나라에서 만든 예금보험공사에 보험을 들어 둔단다. 만약 자기네 회사에 문제가 생겨서 예금주들에게 돈을 돌려줄 수 없을 때 대신 갚아 주도록 하는 보험인 거지.

금융 기관들은 예금보험공사에 기금을 마련해 놓았다가 사건이 발생하면 그때까지 모아둔 돈으로 예금주들에게 일부 또는 전액을 보상해 주게 돼. 한 가지 주의해야 할 것은 예금자보호법에 따르면 한 사람당 5000만 원까지 보상받을 수 있으며, 5000만 원 이상은 받지 못하게 되어 있어.

그렇다면 5천만 원보다 많은 돈을 은행에 넣어 두면 안 되겠네요?

그게 뭐 걱정이야.
여러 은행에 5천만 원씩 나누어 보관하면 되잖아.

예금자보호법에서는 금융 기관 1곳마다 5000만 원의 금액에 대해 예금자 보호를 받을 수 있게 정하고 있어. 이때 보호받을 수 있는 금융 기관은 은행, 증권사, 종합 금융사, 보험 회사, 상호저축은행이 해당되며, 새마을금고나 농협, 신협, 축협 같은 협동조합은 포함되지 않는단다. 대신 새마을금고와 협동조합 등은 자체적으로 만든 법에 따라 예금자 보호를 하고 있어.

물론 5000만 원보다 적은 금액이라도 보호받지 못하는 경우가 있긴 해. 대부분의 예금과 적금은 보호받을 수 있지만 실적 배당형 투자 상품이나 채권, 수익 증권, 외화 예금 등은 보호받지 못하지. 이런 금융 상품의 경우 예금자가 더 많은 이자를 받기 위해 위험한 금융 상품을 선택한 것이기 때문에 예금자에게도 책임이 있다고 보는 거란다.

안전한 은행을
알아보는 방법

은행의 인수 합병 줄을 잇다

30개의 시중 은행이 16개로 줄어들어!

1998년 외환위기를 맞으며 많은 시중 은행들이 퇴출되었다. 자기 자본비율이 낮았던 경기은행을 비롯해 충청은행 등 많은 지방 은행들이 이에 포함되었다. 1998년 당시 30여 개가 넘었던 시중 은행들은 다른 은행에 매각되거나 인수 합병되어, 2018년 현재 시중 은행은 16개로 줄어들었다.

2018년 경제 뉴스

은행이 사라지기도 한다니 좀 불안해요.

에이, 은행이 어떻게 망하겠어.

 1998년 있던 은행 중에 지금은 사라진 은행이 많아.

1970년대 이후 나라에서는 저축의 중요성을 강조하며, 사람들의 저축 활동을 독려했어. 많은 서민들이 생활비를 아껴 저축을 했고, 저축은 가장 중요한 재산 증식 방법으로 생각되었지. 무엇보다 은행에 맡긴 돈은 무조건 나라에서 보호해 주고 있었기 때문에 은행에 대한 믿음은 아주 컸단다.

하지만 1998년과 2008년, 두 번의 외환위기를 겪으며 사람들의 생각은 많이 달라졌어. 은행도 다른 회사처럼 실적이 좋지 않으면 망할 수 있다는 것을 경험하였고, 돈을 잃을 수 있다는 것도 알게 되었거든.

은행의 재산을 알아보자!

은행은 다른 사람의 돈을 맡아서 대신 관리해 주고 수수료를 받기도 하고, 관리한 돈으로 이익이 생겼을 때 이자를 주기도 하는 곳이야. 은행에 돈을 맡기는 사람은 자신이 맡긴 돈을 언제든 찾을 수 있다는 믿음이 있어야 은행에 돈을 맡길 수 있겠지?

그렇다면 안전한 은행인지는 어떻게 알 수 있을까? 가장 쉽게 은행의 안전도를 알아보는 방법은 은행들이 발표한 자기자본(BIS) 비율을 살펴보는 것이란다.

자기자본비율은 부채에 비해 은행이 갖고 있는 재산이 얼마나 많은지 비율로 나타낸 것이야. 은행의 자산에 비해 너무 많은 돈을 기업에 빌려줬다고 생각해 보자. 기업이 문제없이 돈을 갚는다면 모르겠지만, 만약 잘못되어 돈을 갚지 못하게 되면 어떻게 될까? 은행은 최대한 자금을 회수하려 하겠지만 쉽지 않겠지.

자기자본비율이 높은 은행의 경우 기업에 대출한 자금에 문제가 생겨도 은행 자산으로 문제를 해결할 수 있어. 하지만 자본이 적은 은행에서는 돈을 찾으러 온 예금주에게 원활하게 돈을 돌려주지 못하는 문제가 발생할 수도 있지.

자기자본비율은 국제결제은행이라는 곳에서 정하여 각국의 중앙은행에 통보해 준단다. BIS(Bank for International Settlemen)는 국제결제은행의 약자인 셈이지.

국제결제은행은 제1차 세계대전 이후 독일이 내놓은 피해 보상금을 주변 국가에 나누어 주기 위해 만들어진 은행이었어. 이후 여러 나라의 중앙은행들이 원활히 거래를 할 수 있도록 도와주거나 급하게 자금이 필요한 국가에 자금을 빌려주는 등 중앙은행들의 중앙은행 역할을 담당하고 있지. 국제결제은행은 세계 은행들의 부실을 막고 보다 안정된 금융 거래가 가능하도록 자기자본비율을 발표해 세계 은행들을 관리하고 있단다.

현재 자기자본비율 기준을 맞추지 못하는 은행들은 대부분 퇴출되거나 다른 은행에 합병되고 있어서 은행들이 민감하게 받아들이는 기준이 되고 있어.

국제결제은행이 권고한 자기자본비율은 8%인데, 이 기준에 못 미치는 은행은 자금 건전성이 떨어진다고 보고 있지.

용돈 빼고 다 오른다고?

남미를 탈출하는 난민 증가
물가 때문에 나라를 떠나는 이민자들의 행렬 잇따라

남미 베네수엘라는 경제 불안으로 나라를 떠나려는 국민이 10% 가 넘는 것으로 알려졌다. 베네수엘라에서는 지난 몇 년간 경제가 불안해지면서 살인적인 물가 상승률을 보이고 있다. 올해 8월 베 네수엘라 대통령 니콜라스 마두로는 물가 상승을 잡기 위해 화폐 가치를 10만 분의 1로 낮추는 화폐 개혁을 단행했다. 하지만 아무 성과를 거두지 못한 채 올해 15만%의 물가 상승률을 기록했다.

2018년 10월 국제 뉴스

아빠, 요즘은 용돈 빼곤 모든 게 다 올랐어요!
물가가 오른 만큼 용돈도 올려 주셔야 하는 거 아니에요?

맞아, 친구들하고 영화 한 편 보고 나면
몇만 원이 훅 나간다니까요!
이게 다 물가가 너무 올라서 그런 거죠?

 그런데 물가가 무슨 뜻인지는 알고 쓰는 거니?

물가는 물건 값을 말하는 거란다. 물건 하나하나의 개별 값이 아니라, 여러 물건의 값을 더하여 평균을 구한 값이지. 물가는 돈의 가치를 결정짓는 중요한 요인 중 하나란다.

물가는 돈의 가치를 높이기도 하고 떨어뜨리기도 해. 같은 돈을 가지고 있어도 물가가 오르면 살 수 있는 물건의 양이 줄어들고, 물가가 낮아지면 살 수 있는 물건의 양이 늘어나게 되지.

경제가 어려운 나라일수록 물가가 큰 폭으로 올라서 국민들이 힘들어 한다는 뉴스를 본 적이 있을 거야. 물가 상승은 물건 값이 계속 올라가는 현상이야. 얼마만큼 올랐는지 비교할 수 있도록 기존 물가와 비교해 변한 만큼을 비율로 나타내지. 그래서 물가 상승률을 표시할 때 단위를 %로 표시하는 거란다.

만약 맛있는 단팥빵이 100원이라면 물가 상승률이 100%일 때 단팥빵 가격은 얼마일까? 100% 올랐으므로 원래 단팥빵의 가격인 100원 더 올라 빵 가격은 200원이 되겠지? 1000원으로 예전에는 단팥빵 10개를 살 수 있었지만, 이제는 단팥빵을 5개밖에 살 수 없어. 이게 바로 돈의 가치는 떨어지고 물건 값은 오른 거지.

물가가 1500% 오른다면 단팥빵 가격은 얼마가 될까? 15배가 많은 1600원이 될 거야. 살인적인 물가 상승은 돈의 가치를 형편없는 수준으로 떨어뜨려 버리지.

물가는 왜 오를까

물가 상승에는 수요 공급의 원칙을 벗어난 여러 가지 원인이 존재한단다. 우선 물가가 오르는 것은 시장에 돈이 많이 풀렸기 때문이지. 시장에 돈이 많아지면 돈의 가치는 떨어지고 물건의 가격은 올라가게 될 거야. 시장에 돈이 많아진 만큼 사람들은 물건을 더 사려고 하지만, 물건의 공급이 따라가지 못할 때 물가는 더 빠르게 오르게 되는 거지.

또, 시장에 풀린 돈과 상관없이 생산 비용이 늘어나면 물건 값이 올라갈 수 있어. 우리나라의 경우 석유를 100% 수입해서 사용하고 있지. 그런데 중동에서 전쟁이 일어나 석유 가격이 올랐다고 생각해 봐. 석유를 원료로 하는 모든 물건 값은 사람들이 찾든 안 찾든 가격이 올라갈 수밖에 없겠지?

이처럼 석유 관련 제품의 가격이 올라가면 이와 연관된 다른 제품의 가격도 오르게 되어 전체적으로 물가 상승이 일어나게 되는 거야. 게다가 한번 오른 물가는 좀처럼 떨어지지 않지.

가짜 돈을 찾아라!

부산에서 지폐 위조범 덜미

소상인을 울린 지폐 위조범 마침내 체포되다!

전통시장에서 위조지폐를 사용하던 20대 청년이 경찰에 체포되었다. 20대 청년 A씨는 가짜 5만 원권을 내고 물건을 산 뒤 거스름돈을 받아 가는 수법으로 105만 원을 가로챈 혐의를 받고 있다. A씨는 추석 대목으로 정신이 없는 가게나 나이든 주인이 홀로 있는 곳 등을 주범행 장소로 삼았으며, 광주, 부산, 춘천 등 전국 전통 시장을 돌며 범행을 저지른 것으로 알려졌다.

2018년 9월 사회 뉴스

영화에서 보니까 악당들이 진짜보다 더 정교하게
위조지폐를 만들어서 사용하더라고요!

 위조지폐는 비단 영화 속 이야기가 아니란다.
2016년부터 2018년까지 3년 동안 한국은행으로 돌아온 위조지폐가
1천 장 정도 된다고 해.

세상에! 그렇게 위조지폐가 많다니 믿을 수가 없어요.

위조지폐는 한국은행에서 만든 돈이 아닌 다른 누군가가 진짜처럼 만든 가짜 돈을 말해. 많은 사람들이 자신은 가짜 돈을 손쉽게 구별할 수 있으리라 장담하지만 요즘은 컬러 프린터의 기술이 좋아져서 슬쩍 보아서는 티가 나지 않아. 그러니 지폐의 특징을 잘 알고 있어야 가짜 돈에 속지 않을 수 있겠지. 지폐가 가진 몇 가지 중요한 특징을 살펴볼까?

지폐 속에 숨겨진 중요한 표식

우리나라 돈은 종이돈(지폐)과 동전이 있어. 종이돈은 실제로 종이가 아니야. 종이돈은 쉽게 찢어지지 않도록 면 위에 컬러로 인쇄해 만들고 동전은 백동이나 황동, 알루미늄으로 만들어.

우리가 현재 사용하고 있는 지폐는 1970년대에 처음 만들어져 1983년과 2007년 두 번 바뀌었단다. 처음 만들어졌을 때보다 종이의 크기가 작아졌고, 가짜 돈과 구별할 수 있는 여러 장치가 새로 첨가되었지. 성능 좋은 컬러복사기가 보급되면서 가짜 돈을 만드는 사건이 늘었기 때문이야.

2006년부터 새로 만들어진 돈에는 여러 가지 위조 화폐 방지 표식이 포함되어 있어. 모양과 색이 똑같더라도 햇빛에 비추어 보거나 손으로 만져 보면 차이를 쉽게 느낄 수 있지.

대표적인 것으로 홀로그램과 숨은 그림이 있단다. 쉽게 위조지폐를 감별할 수 있는 장치인데 햇빛에 비추었을 때 숨은 그림이 보이지 않는다면 가짜 돈이니 조심해.

❶ 띠형홀로그램
❷ 입체형부분노출은선
❸ 가로확대형기번호
❹ 필터형잠상
❺ 돌출은화
❻ 숨은그림
❼ 볼록인쇄
❽ 요판잠상
❾ 색변환잉크
❿ 앞뒷면맞춤
⓫ 미세문자
⓬ 엔드리스무늬
⓭ 무지개인쇄
⓮ 숨은은선
⓯ 형광잉크 & 은사

일반인을 위한 위조방지장치

종류	오만원권	만원권	오천원권	천원권
홀로그램	○ (띠형)	○ (조각형-사각)	○ (조각형-원)	×
부분노출은선	○ (입체형)	×	×	○
가로확대형기번호	○	×	×	×
색변환잉크	○	○	○	○
숨은그림	○	○	○	○
돌출은화	○	○	○	○
요판잠상	○	○	○	○
숨은은선	○	○	○	×
숨은막대	×	○	○	×
볼록인쇄	○	○	○	○
앞뒷면맞춤	○	○	○	○
엔드리스무늬	○	○	○	○
무지개인쇄	○	○	○	○

출처 : 한국은행 홈페이지

불에 탄 반쪽짜리 내 돈

철수는 실수로 1만 원 지폐를 불에 태우고 말았다. 1/4이 불에 타 없어져 버린 1만 원 지폐는 사용할 수 있을까? 은행에 가져가면 얼마를 돌려받을 수 있을까?

1대 100 출제 문제

얼마 전 텔레비전 프로그램에서 돈이 홀랑 불에 타면
보상받을 수 있을까, 없을까 하는 문제가 나왔어요.

못한다! 돈을 훼손시킨 건 내 실수니까
당연히 보상을 못 받는 거 아닐까?

 정답부터 말해 줄까?
정답은 훼손된 정도에 따라 어떤 돈은 보상받을 수 있다야.

가끔 돈을 잘못 보관하여 종이가 찢어지거나 불에 타 일부가 없어지는 일이 발생하곤 해. 돈이 망가지거나 찢어졌다면 훼손된 부분만큼 돈의 가치가 사라지는 것일까? 훼손된 돈을 가지고 은행에 가면, 은행에서는 기준에 따라 새 돈으로 교환해 줘. 훼손된 정도에 따라 아예 새 돈으로 바꾸어 주기도 하고, 절반의 금액으로 돌려주기도 하지. 물론 너무 많이 훼손되면 그 돈은 아예 무효로 처리되어 한 푼도 돌려받을 수 없겠지만 말이야.

돈을 바꾸어 주는 가장 중요한 기준은 화폐가 얼마나 남았냐 하는 것이란다. 돈의 4분의 3 이상이 남아 있다면 은행에서는 새 지폐로 바꾸어 줘.

하지만 돈의 크기가 4분의 3보다 적게 남았다면 남은 크기에 따라 돌려주는 액수가 달라지지. 5분의 2보다 적게 남았을 경우 돈을 돌려주지 않으며, 5분의 2보다 많지만 4분의 3보다 적을 때는 절반의 금액만 돌려주거든.

만약 찢어져서 일부가 없어지거나 불에 탄 지폐가 있다면 실망하지 말고 일단 은행에 가져가야 해. 단, 돈의 표식이나 인쇄 등이 잘 보이지 않아 진짜 돈인지 구별할 수 없을 때에는 보상받을 수 없으니 주의해야 하지.

보드 게임으로 배우는 금융 상식

금융 EQ를 높일 수 있는 캐시 플로우

캐시 플로우(cash flow)는 로버트 기요사키가 만든 금융 보드 게임이야. 로버트 기요사키는 《부자아빠 가난한 아빠》의 저자로 유명한 미국의 경제학자야. 우리나라의 경우 돈을 어떻게 관리하는지 학교에서 배우지 못하는 경우가 많아. 그래서 사회에 진출한 사회 초년생들이 자신만의 돈 관리 방법을 찾기까지 여러 가지 시행착오를 겪는 일이 많단다.

캐시 플로우 게임의 가장 큰 특징은 게임을 통해 돈의 흐름을 읽을 수 있도록 도와준다는 것이야. 경기는 생쥐 레이스와 부자 레이스로 구성되어 있는데, 누구나 시작은 생쥐 레이스에서 하게 돼. 생쥐 레이스에서 어느 정도 자산을 모으면 부자 레이스로 진출할 수 있고, 그때부터 본격적인 재산 불리기 게임에 돌입하게 되지. 게이머들은 캐시 플로우 게임을 통해 월급을 받아서 쓰고, 저축하고, 자산을 늘리는 경제 활동을 경험해 볼 수 있어. 게임이지만 이러한 훈련을 통해 금융 지능을 높일 수 있단다.

주식과 경매를 알고 싶다면 스탁파일

주식과 경매에 대한 기본 룰을 알 수 있게 도와주는 보드 게임이야. 주식과 경매를 이용하여 많은 재산을 축적한 사람이 이기는 게임이지. 규칙이 어렵지 않고, 주식, 경매에 관한 기본 상식을 얻을 수 있어. 6개 회사의 주식 가격이 정해지고, 플레이어들의 반응에 따라 주식이 올라가기도 하고 떨어지기도 해.

게임을 진행하는 동안 여러 번 의사 결정을 해야 하는데, 이를 통해 돈을 벌거나 기업의 최대 주주가 될 수 있어. 물론 반대 경우가 발생할 가능성도 높아. 초등 고학년이나 청소년들이 주식에 대한 기본 개념을 파악하고, 위험에 대처할 방법을 공부하기에 적당한 게임이란다.

부동산 투자를 알려 주는 부루마블

우리나라에 많이 알려진 경제 보드 게임이야. 세계 주요 도시의 건물과 땅을 사고팔아 재산을 불릴 수 있지. 부루마블 게임은 우리나라 게임 회사에서 개발한 게임으로 1980년대부터 큰 인기를 끌었어.

부루마블 게임판 위에는 세계 각국의 주요 도시들이 그려져 있고 서울에서 시작해, 다시 서울로 돌아오도록 구성되어 있어. 게이머들은 주사위 두 개를 던져 얻게 되는 숫자의 합만큼 게임판 위를 움직일 수 있어. 게이머들은 자신이 갖고 있는 도시와 부동산을 거래할 수 있고, 상대편이 파산하면 게임이 끝나게 돼. 재산을 효과적으로 불리기 위해 어떠한 전략을 짜야 할지 생각하면서 게임을 해야 한단다.

불어나는 돈,
줄어드는 돈

돈은 어떻게 해야 잘 벌 수 있을까? 수십억 원의 연봉을 받는 사람은 아주 드물어.

그러니까 결국 내가 번 돈을 잘 키워서 돈의 양을 늘리는 수밖에.

자, 이번 장에서는 돈의 양을 늘리는 방법에는 무엇이 있는지 본격적으로 알아보자.

저축과 투자는 다르다

40년 저축왕 국가 표창 받아

월급 60% 이상을 저축한 매출 40억여 원의 기업 대표!

52회 저축의 날 국민훈장 모란장은 전라남도 여수에서 철강기업을 운영하고 있는 박원균 씨가 수상했다. 박원균 씨는 16세부터 기술공으로 일하면서 40여 년 간 월급의 60% 이상을 저축해 왔다. 성실한 생활과 꾸준한 저축으로 지금은 연매출 30~40억을 달성하는 철강기업의 대표가 되었다. 또한 10여 년 전부터 매달 200만 원을 기부하고 있으며, 개인 재산 5억 원을 들여 진남 장학회를 설립하기도 했다.

2015년 10월 경제 신문

월급의 절반 이상을 저축한다고요?
혹시 월급을 엄청 많이 받는 거 아니에요?

월급이 많거나 적거나 40년 이상 꾸준히 했다는 게
대단한 것 같아요.

 그렇지. 그런데 돈을 불리려면 저축을 하는 방법도 있지만
투자를 하는 방법도 있지.

사람들은 부자가 되어 편안한 삶을 살아가길 원해. 돌잡이만 봐도 그런 바람을 잘 알 수 있지. 우리나라에선 아이가 태어나서 1년이 지나면, 그때까지 잘 버텨 준 것을 축하하는 의미에서 돌잔치를 열어. 이때 엄마 아빠는 아이의 미래를 점치기 위해 돌잡이라는 행사를 하곤 해.

돌잡이 물건도 각양각색이야. 판사봉, 마이크, 연필, 실, 청진기 등 여러 가지 물건을 놓아두고, 아이가 선택한 물건에 따라 아이의 미래를 예상해 보기도 하지. 재미로 하는 것이지만 아이가 훌륭하게 자라기를 바라는 마음이 담겨 있어 돌잡이 이벤트에서 빠지지 않지. 그런데 이때 꼭 들어가는 물건이 하나 있단다. 그게 뭐냐고? 바로 돈이야. 아이가 돈을 잡으면 부모들은 모두 박수를 치며 부자가 될 아이의 미래를 축복해 주지.

그럼 어떻게 해야 돈을 잘 벌 수 있을까? 수십 억의 연봉을 받

는 세계적인 스포츠 선수나 연예인이 되는 사람은 아주 드물어. 그러니까 결국 내가 번 돈을 잘 키워서 돈의 양을 늘리는 수밖에. 자, 이번 장에서는 돈의 양을 늘리는 방법에는 무엇이 있는지 본격적으로 알아보기로 하자.

저축과 투자의 차이

돈을 키우는 가장 쉬운 방법은 번 돈을 쓰지 않고 아껴서 저축하는 방법이란다. 내가 모은 돈을 남에게 빌려주고 정해진 이자를 받아서 돈을 불리는 것이지. 저축은 은행의 이자율이 정해져 있기 때문에 얼마를 벌지 예측이 가능하단다. 이건 원금 손해를 보지 않고 이자 수익만 얻을 수 있기 때문에 안전하게 돈을 불리는 방법이라고 할 수 있지.

돈을 빌려주는 동안 나는 나대로 일을 해 돈을 벌 수 있으므로 돈이 돈을 벌게 만드는 구조가 되는 거야. 하지만 이자로 얻을 수 있는 수익이 크지 않기 때문에 사람들은 좀 더 빨리 많은 돈을 벌 수 있는 방법을 찾지. 그게 뭐냐고? 바로 투자란다.

투자는 어떤 일이나 사업에 돈이나 시간을 투입하여 이익을 얻으려는 행동이야. 저축이 돈을 빌려줘서 이익을 얻는 것이라면 투자는 무엇인가를 사서 이익을 얻는 행위라 할 수 있지.

투자와 저축의 가장 큰 차이점은 돈을 얼마나 벌 수 있는지 아는 시점이 다르다는 것이야. 저축은 시작할 때 얼마 만에 얼마만큼을 벌 수 있는지 알 수 있지만 투자는 투자를 끝날 때가 되어서야 알 수 있어. 건물이나 땅에 투자를 했다면 내가 산 것을 다시 팔아서 돈으로 바꾸어야 최종 이익을 확인할 수 있지. 저축은 대부분 원금을 보장해 주는 것이 원칙인 반면 투자는 시장의 흐름에 따라 달라질 수 있어.

흠, 역시 내 성격에는 저축보다 투자가 맞는 것 같아요.

투자는 원금을 보장받지 못한다는 거 알고 말하는 거지?

주식이나 부동산에 돈을 투자했다고 가정해 보자. 투자로 이익을 얻는다는 것은 내가 산 가격보다 비싼 가격에 판다는 것이잖니. 내가 살 때보다 낮은 가격으로 주식과 부동산을 팔게 되면 나는 오히려 손해를 보게 돼. 원금보다 낮아진 가격만큼 손해를 보기 때문에 원금 손실을 볼 수 있는 거지.

대신 살 때보다 가격이 많이 오르면 투자자는 많은 이익을 얻게 돼. 원금을 잃을지 모른다는 위험이 있어도 사람들이 투자를 선택하는 이유가 바로 여기 있단다.

투자 상품을 파는 사람들은 이익이 발생하는 부분에 대해서만 열심히 설명해. 그런 탓에 투자를 시작할 때 사람들은 손해날 부분에 대해 잘 생각하지 못하지. 돈을 키우는 방법으로 저축을 선택하느냐, 투자를 선택하느냐 하는 것은 선택하는 사람이 얼마나 위험을 감수할 수 있는지에 달려 있단다.

목적에 따라 다른 투자와 투기

강남의 아파트를 샀다 팔았다 하는 것을 부동산 투기라 부르지만 주식을 샀다 팔았다 하는 것은 투자라고 불러. 투자와 투기는 모두 무엇인가를 사서 더 큰 이익을 얻으려는 경제 활동이지. 그럼 무엇을 기준으로 어느 쪽은 투자, 다른 쪽은 투기라 부르는 걸까?

투자와 투기를 구분 짓는 가장 큰 차이는 물건을 사는 목적에 있어. 투자의 경우 생산 활동을 위해 물건을 사지만 투기는 돈을 벌기 위해 물건을 산단다.

투자도 돈을 벌려고 하는 거 아니에요?

 이익을 얻기 위해서이긴 하지만
꼭 돈만 목적인 건 아니라고 할 수 있어.

예를 들어 누군가 땅을 샀다고 가정해 보자. 땅 위에 공장을 지어 물건을 만들려고 했다면 그 행위는 투자야. 하지만 땅값이 오르는 것을 기대해 땅을 샀다면 그 행위는 투기가 된단다. 그래서 아파트 값이 오를 거라고 생각해서 자주 사고파는 것을 부동산 투기로 보는 거야.

　주식도 마찬가지란다. 성장 가능성이 있는 회사의 주식을 구입해서 함께 성장해 간다면 그것은 투자지만, 짧은 시간 안에 돈을 벌기 위해 주식 가격의 흐름만 보고 주식을 사고판다면 그것은 투기인 것이지.

돈을 불리는 법 1
주식과 펀드

네이버 주식 가격 26조 이상
네이버 설립한 이해진 회장 1조 140억 원이 넘는 주식 보유

유가 증권과 코스닥 시장에 상장된 주요 인터넷, 게임 업체의 지분 가치를 분석한 결과, 이해진 네이버 라인 회장이 1조 140억 원이 넘는 주식을 보유한 것으로 조사됐다. 2019년 11월 현재 네이버는 현대차와 삼성바이오로직스를 제치고 시가총액 3위 자리를 탈환하기도 했다. 네이버 주식 1주의 가격은 16만 7000원으로, 시가 총액은 27조 5238억 원으로 집계됐다. 2019년 11월 경제 뉴스

네이버의 기업 가치가 20조가 넘는다고요?

 우리나라의 대표적인 인터넷 기업인 네이버는

회사 설립 20년 만에 20조 원이 넘는 가치를 지닌 회사로 성장했지.

엄마가 그러셨는데, 완전히 부자가 될 뻔한 기회를 놓쳤대요.

2002년에만 해도 네이버 주식이 엄청 쌌는데

지금은 12배 이상 올랐대요.

회사는 이익을 만들어 내기 위해 세운 곳이야. 여러 명의 사원이 함께 모여 돈을 버는 곳이라고 할 수 있지. 회사를 구성하고 있는 사원들이 회사에 대해 얼마만큼의 책임을 지느냐에 따라 회사의 종류를 여러 개로 나눌 수 있단다. 회사의 채무를 사원이 끝까지 책임지는 합명 회사에서부터 출자한 금액에 한해서만 책임을 지는 유한 회사 등 종류도 다양해.

그중에서 사원들이 일정한 비율로 자금을 댄 회사를 만든 후, 출자한 비율만큼 권리와 의무를 나누어 가지는 회사를 주식회사라고 한단다.

주식회사는 사원들로부터 자금을 출자 받을 때 이를 증명하기 위해 회사에서 서류를 발급해 주는데, 이것이 바로 주식이야. 주식은 회사의 자본금인 동시에 책임과 권한을 모두 포함하는 증서라 할 수 있어.

주식을 처음 발행할 때 주식에 적힌 금액을 액면가액이라고 해. 대부분 처음 회사가 만들어질 때 주식을 발행하기 때문에 액면가는 5천 원에서 1만 원 정도로 낮은 편이지. 하지만 회사가 활동을 계속하면서 이익을 내게 되면 회사가 커지고 가치도 올라간단다. 주식의 가격도 더불어 올라가. 주식의 가격은 더 이상 액면가에 머물러 있지 않고, 성장한 만큼 높아지는 거지. 네이버의 주식 가격이 상장 때보다 12배 이상 급등한 것처럼 말이야!

주식 시장에도 등급이 있다고?

필요한 물건이 있을 때 우리는 시장을 이용해. 시장은 여러 가지 물건을 사고파는 곳이지. 주식 또한 마찬가지란다. 다만 주식을 거래하는 곳은 우리가 알고 있는 동네 시장이 아니야. 주식만 따로 거래할 수 있는 주식 시장이 별도로 있지.

우리나라 주식을 거래하는 시장을 한국거래소라고 해. 그 안에는 유가 증권 시장, 코스닥 시장, 코넥스 시장 등이 있어. 한국거래소에 등록된 회사들은 시장 중 한곳에서만 주식을 거래할 수 있지. 회사의 규모나 안정성 등 여러 조건에 따라 회사 등급을 나눈 다음 거래할 시장을 지정받게 되는 거란다.

유가 증권 시장은 한국의 대표 주식 시장으로 삼성, 현대, 포스코, SK 등 대형 우량주들을 거래하게 돼. 건강하고 튼튼한 아기를 우량아라고 부르는 것처럼 회사가 망할 가능성이 적고, 미래 가치가 있으며, 웬만해서는 크게 가격이 떨어지지 않는 주식을 우량주라고 부르지.

그럼 모두 우량주에 투자를 하면 손해 보지 않겠네요!

 우량주는 안전하긴 하지만 수익률이 높지 않을 수도 있어.
그리고 우량주라고 불안 요소가 전혀 없는 건 아니란다.

　유가 증권 시장의 거래 상황을 숫자로 표시한 데이터를 코스피 지수라고 부르는데, 유가 증권 시장 자체를 코스피장이라 부르기도 한단다.

　코스닥 시장에서는 삼성이나 현대 같은 대기업보다는 성장 가능성이 높은 벤처 기업들의 주식이 주로 거래돼. IT나 바이오, 문화 산업 등 첨단 벤처 기업들이 주로 속해 있는데, 이들 기업들 중에는 미국의 나스닥 시장이나 일본의 자스닥 시장으로 진출하는 기업들도 종종 있어.

　네이버와 같은 IT 기업은 우량주여서 유가 증권 시장으로 갈 수 있지만, 기업의 특성을 고려해 코스닥 시장에 남아 있기도 하지.

　코스닥이나 코스피 시장에 진입하지 못한 중소 기업이나 신생 벤처 기업의 주식이 거래되는 코넥스 시장도 있어. 코넥스 시장은 주식 시장에 상장되지는 않았지만 미래 가치를 보고 그 회사의 주식을 공식적으로 거래할 수 있도록 만든 시장이란다.

주식 시장은 나라별로 다르게 움직여. 그 나라에 사업체를 등록하여 활동하면서 세금을 내는 회사의 주식만 거래되지. 우리나라의 코스피, 코스닥 시장처럼 미국에는 아메리칸 증권 거래소, 뉴욕 증권 거래소, 나스닥 시장 등이 운영되고 있어. 중국의 상하이 증권 거래소나 일본의 도쿄 증권 거래소 등은 우리나라 증권 거래소에 큰 영향을 미치기도 하지.

주식과 채권의 차이

채권은 회사나 국가, 공공 기관 등에서 사람들에게 돈을 빌린 뒤, 돈을 갚겠다는 증표로 발급해 주는 증서란다. 돈을 빌린 기업은 채무자가 되어 채권을 발행하고, 돈을 빌려준 일반인은 채권을 받게 되지. 채권자는 기간이 되면 기업으로부터 원금과 함께 정한 이자만큼 돌려받게 돼.

채권은 누가 발급하느냐에 따라 이자가 다르다는 거 알고 있니? 안전한 채권은 이자가 낮고, 위험한 채권은 이자가 높아. 국가나 공공 기관에서 발행한 채권은 이자가 낮은 반면 기업에서 발행한 채권은 이자가 높은 편이지.

주식 역시 기업에서 필요한 돈을 조달하는 방법 중 하나란다.

채권이 단순하게 돈을 빌리는 것인 데 비해 주식은 기업에 제공한 돈이 자본금으로 들어가고 그 자본금은 회사의 사업 밑천이 되는 거야. 자본금을 댄 사람은 자신이 투입한 돈만큼 회사의 지분을 갖게 되는 거고. 지분이란 자본금 중 얼마를 갖고 있는지를 나타내는 것이지. 그리고 지분을 갖고 있는 사람은 회사 경영에 참여할 자격을 갖게 된단다.

종류	내용	장단점
채권	정부나 공공 기관에서 큰돈을 마련하기 위해 돈을 빌리고 발행하는 증서.	주식에 비해 수익이 높지 않다. 안전한 채권이냐 위험한 채권이냐에 따라 이자도 낮거나 높다.
주식	기업이 필요한 돈을 조달하기 위해 투자한 사람에게 주는 증서.	기업의 수익이 높으면 주식을 팔거나 배당금을 받아 많은 돈을 벌 수 있지만 경영이 좋지 않으면 크게 손해를 볼 수 있다.

주식으로 패가망신하는 이유

가끔 텔레비전에 주식 투자를 잘해서 엄청난 부자가 된 사람들의 인터뷰가 나오곤 하지? 하지만 반대로 주식에 잘못 투자하여 재산을 몽땅 날린 사람들 이야기도 쉽게 들을 수 있을 거야. 주식으로 성공한 사람은 복권에 당첨되는 경우만큼 흔하지 않지만, 주식으로 손해를 입었다는 사람은 쉽게 만날 수 있지. 그래서 어떤 사람들은 주식을 마치 도박이나 복권 같은 이상한 것으로 치부

해 버리기도 해.

　주식은 누구나 쉽게 도전할 수 있는 투자 방법 중 하나란다. 주식을 산 가격보다 높은 가격에 팔기만 하면 손해를 보지 않아. 물론 그 반대라면 손해를 보겠지. 어떤 주식은 회사의 실적이 좋아지면 주식을 갖고 있는 사람에게 분기나 연말에 배당금도 준단다.

배당금은 주식만 갖고 있으면 받을 수 있는 거예요?

 정해진 날짜까지 해당 주식을 가지고 있으면 배당금을 받을 수 있어. 주식마다 배당률이 다른데 높은 배당금을 주는 것만 믿고 주식을 샀다가 주가가 떨어지면 오히려 손해를 보기도 해.

　그런데 정보가 없으면 어떤 주식이 오르고, 배당금을 얼마나 받을 수 있는지 알 수 없어. 생각해 봐. 아무런 정보나 분석 없이 주식을 산다면 그것은 도박이나 복권으로 일확천금을 꿈꾸는 행동과 별반 다르지 않을 거야. 그저 시장에서 그 주식이 잭팟을 터뜨려 주기만을 기다릴 수밖에 없을 테니까. 그래서 주식에 투자를 할 때는 다양한 정보를 바탕으로 해야 하는 거란다.

　다시 말하지만 주식은 누구나 쉽게 사고팔 수 있지만 어떤 주식을 살 것인지는 투자하는 사람의 선택에 달려 있어. 제대로 주식 투자를 하기 투자하기 위해서는 주식을 사려는 회사에 대해 꼼꼼히 공부해야 해. 주식 시장에서 거래되는 수많은 주식 중 회사의 가치보다 낮은 가격에 거래되는 주식을 골라내는 안목과 적절한 시점에 팔 수 있는 판단력을 길러야 하거든.

다른 투자 방법도 마찬가지겠지만 주식만큼 많은 공부가 필요한 투자 방법도 없을 거야. 그래서 공부 없는 주식은 도박과 크게 다르지 않다고 하는 거겠지.

돈을 불리는 법 2

펀드

ᅟᅵᅵᅵ 📶 🔋

'귀향' 펀드 모금액 20억 달성

투자자들이 거부한 영화가 300만 명 넘는 잿팟 터트려!

위안부 할머니의 가슴 아픈 사연을 다뤘던 영화 '귀향'은 많은 제
작사들에게 흥행을 보증할 수 없다는 이유로 제작을 거절당해 왔
다. 결국 조정래 감독은 인터넷을 통해 투자자를 모으기 시작했고,
영화 펀드를 만들었다. 2016년 2월 개봉한 영화는 흥행에 실패할
것이라 예측했던 영화 제작사들의 예상을 깨고, 300만 명이 넘는
관객을 모으는 데 성공했다.

2016년 3월 문화 뉴스

얼마 전에 영화를 보니까
펀드 공모 영화라는 말이 뜨더라고요. 그게 뭐예요?

 영화를 제작하거나 음반을 제작하려면
많은 돈이 필요하지. 펀드를 통해 모금하는 걸
펀드 공모 영화라고 하는 거야.

보고 싶은 영화를 제작하는 데
관객이 참여할 수 있어 좋은 것 같아요.

　소재가 재미있거나 재능이 있어도 마땅한 투자자를 구하지 못하면 영화나 음반을 만들 수 없을 거야. 특히 사회성 짙은 영화의 경우, 흥행을 보증할 수 없기 때문에 투자자들이 선뜻 투자를 하려 하지 않겠지. 영화 '귀향'처럼 말이야. 귀향은 일제강점기 위안부의 이야기를 다룬 영화야. 상업 영화가 아니기 때문에 흥행할 만한 영화가 아니었지. 하지만 일반인들의 펀드 참여로 영화는 무사히 제작되었고, 흥행도 나쁘지 않았어.

　영화 '귀향'이 애국심과 사회적 양심을 바탕으로 한 기부성 펀드였다면 애니메이션 영화 '너의 이름은' 펀드는 돈의 성격이 조금 달랐어. 일본에서 제작된 '너의 이름은'이라는 애니메이션은 우리나라에서도 큰 인기를 끌며 흥행에 성공했지. 그런데 이 애니메이션이 다른 영화와 조금 달랐던 것은 수입할 때 들어간 돈의 출처 때문이란다.

이 영화를 수입한 '미디어 캐슬'은 투자자 대신 펀드를 공모했거든. 펀드 공모 1시간 만에 투자액을 모은 '미디어 캐슬'은 영화를 수입해 한국에서 개봉했는데 영화는 370만 명이 넘는 관객을 모았고, 많은 수익을 남겼어. 영화 펀드에 참여했던 사람들은 30% 넘는 수익을 가져갈 수 있었다니 제법 투자를 잘한 거겠지?

여럿이 힘을 모아 투자하는 펀드

펀드는 영어로 '자금'을 뜻하는 말이지만 보통 여럿이 함께 마련한 자금을 말해. 예를 들어 10개가 한 세트인 색연필이 있다고 가정해 보자. 돈이 부족해 색연필 한 자루밖에 살 수 없다면 어떻게 할래? 색연필이 필요한 다른 친구들과 조금씩 돈을 모아 산다면 색연필 한 세트를 살 수 있을 거야. 이처럼 한 사람이 아니라 여러 명에게 돈을 모아 운영하는 게 펀드란다.

펀드로 모인 돈은 다시 주식과 채권에 투자돼. 그런데 주식이나 채권에 투자할 때마다 돈을 댄 사람들에게 일일이 물어보기도 힘들고, 주식이나 채권을 사고파는 과정도 쉽지 않지. 그래서 대부분 은행이나 증권 회사를 중심으로 펀드가 운영되고 있어. 펀드에 가입했다는 말은 은행이나 증권 회사의 펀드 상품에 돈을 투자했다는 뜻이란다.

펀드의 종류

공모 펀드   누구라도 주식을 살 수 있는 펀드를 말한다.

사모 펀드   일정 조건이 갖춰진 사람이나 특정 그룹만 참여할 수 있는
펀드를 말한다. 자유롭게 투자할 수 있다.

크라우드 펀드 적은 금액으로 다수의 사람들이 참여하는 펀드를 말한다.

펀드는 무엇을 할 것인지, 참여할 수 있는 사람이 누구인지 등에 따라 여러 가지로 나눌 수 있어. 우선 함께 모은 돈으로 주식이나 채권에 투자했다면 이 펀드는 다시 주식형 펀드, 채권형 펀드, 혼합형 펀드 등으로 나눌 수 있어. 이러한 펀드는 주로 투자사(은행이나 증권사)가 중심이 되어 운영한단다.

은행이나 증권사에서 모집하는 펀드처럼 누구나 참여할 수 있는 펀드는 공모 펀드라 부르지만, 일정 조건이 갖춰진 사람이나 특정 그룹만 참여할 수 있는 펀드는 사모 펀드라 불러. 공모 펀드의 경우 펀드를 모을 때 어디에 투자할지 정해진 경우가 많으며, 주로 주식이나 채권에 투자하는 경우가 많지.

사모 펀드는 공모 펀드에 비해 좀 더 자유롭게 투자가 이루어져. 함께 모인 사람들의 의견만 모이면 무엇에든 투자가 가능하단다.

크라우드 펀드라는 말은 들은 적이 있어요.
어떤 책은 크라우드 펀드로 출간되었다고 하더라고요.

 맞아, 최근에는 크라우드 펀드가 많아졌지.

크라우드 펀드 역시 펀드란다. 적은 금액으로 다수의 사람들이 참여하기 때문에 크라우드 펀드라는 이름이 붙인 거지. 크라우드 펀드는 영어 크라우드(군중)와 펀드(자금)를 결합해 만든 단어야. 목표액과 기간을 정해 두고 불특정 다수의 사람들로부터 자금을 모집하지.

우리가 앞에서 살펴본 영화나 음반 펀드가 좋은 예가 될 거야. 크라우드 펀드가 처음 등장했을 때는 1만 원 단위의 소액이 많았어. 그래서 투자라기보다는 기부의 성격이 좀 더 강했어. 무산될 위기의 문화 사업이나 사회사업 등에 필요한 돈을 모으기 위해 많이 사용되었던 거지.

그럼 요즘 제가 쓰고 있는 스펙타클 SF 판타지 소설도
크라우드 펀드로 낼 수 있다는 말이에요?

그건 소설이 아니라 낙서겠지.

신인 가수의 앨범 제작을 위해 펀드 모금이 진행된 경우, 투자

자들에게 수익을 돌려주기보다 가수의 앨범과 브로셔 등을 보내 주는 방식으로 투자금을 갚았어. 하지만 최근에는 크라우드 펀드 가 하나의 투자 방식으로 자리를 잡아가고 있으며, 다양한 기업에 서 크라우드 펀드를 모집하곤 한단다.

크라우드 펀드에 투자할 때도 주의해야 해. 사업 내용을 꼼꼼히 살피고 펀드를 모집하는 회사에 대해 자세히 알아보는 것이 좋아. 요즘에는 크라우드 펀딩으로 참여한 사업이 무산되거나 회사가 부도가 나는 등의 이유로 피해를 입은 사람들도 있단다.

버는 것만큼 중요한 쓰기

165억 복권 주인공, 파산하다

방탕한 생활로 10년 만에 파산을 맞은 행운의 주인공!

2002년 영국에서 복권에 당첨된 한 남자가 10년 만에 파산을 신청하고 실업 수당을 받는 것으로 알려져 충격을 주고 있다. 당시 970만 파운드(한화 약 165억 원)의 거액 복권에 당첨된 30살 마이클 캐롤 씨는 10여 년 동안 방탕한 세월을 보내 왔다. 고급 주택과 자동차, 명품 옷 등 호화로운 생활을 즐기며 음주와 도박 등 비정상적인 생활을 이어 오다 결국 파산에 이른 것으로 알려졌다.

2013년 해외 토픽

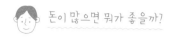 돈이 많으면 뭐가 좋을까?

음, 좋은 집에 비싼 옷과 좋은 물건을 가질 수 있어서 좋죠.
맛있는 것도 실컷 먹을 수 있고요!

일하지 않고 편하게 살 수 있잖아요.

많은 사람들이 돈만 있으면 행복하게 원하는 삶을 살 수 있을 것 같다고 말하지. 그런데 거액의 복권에 당첨된 사람 중 절반 이상은 얼마 지나지 않아 파산을 하는 경우가 많다고 해. 그 사람들은 많은 돈이 생겼는데 왜 파산을 했을까? 그건 계획 없이 돈을 쓰다가 결국 망하고 만 거야. 돈을 함부로 쓰다 보면 수백억 원의 엄청난 돈이라도 금방 바닥이 드러나지.

현명한 소비란 뭘까

아무리 돈이 많은 사람이라도 가지고 있는 돈의 양은 정해져 있지. 1주일에 용돈을 1만 원 받는 친구와 1천 원 받는 친구가 있다고 생각해 보자. 서로 가진 돈의 양은 다르지만, 둘 다 쓸 수 있는 돈의 양은 정해져 있어. 만약 두 사람이 같은 수준의 돈을 벌더라도 10년 후 한 사람은 몇 배로 돈을 불리고, 다른 사람은 돈의 양이 그대로일 수 있어. 이렇게 차이가 나는 것은 돈을 쓰는 방법과 불리는 방법에 차이가 있기 때문이란다. 무엇보다 돈을 어떻게 쓰는가에 따라 미래에 남게 될 돈의 양은 크게 달라질 수 있어.

똑같은 1천 원을 가지고 저축을 하느냐, PC방을 가느냐에 따라 돈을 쓴 다음의 결과는 크게 달라질 수 있다는 말이야. 저축을 하면 통장에 돈이 남아 있고, 이자도 받을 수 있을 거야. 하지만 PC방에 가면 돈은 사라지겠지만 게임을 하면서 즐거움을 얻을 수 있겠지.

돈은 어떻게 쓰는가에 따라 가치가 달라져. 이때 가치란 돈을 지불하고 내가 얻는 기쁨이나 만족도를 말해. 그래서 돈을 잘 쓴다는 말은 내가 갖고 있는 돈을 이용해 최고의 가치를 얻는다는 뜻이지. 돈을 쓴다는 것은 내가 사고 싶은 물건을 사거나 서비스 등을 구매하는 소비 활동을 하는 것이란다. 그러므로 현명한 소비는 같은 돈으로 더 큰 만족과 기쁨을 얻는 활동이라 볼 수 있지.

단순한 소비와 윤리적 소비의 차이

합리적 소비를 넘어 최근에는 윤리적 소비를 추구하는 사람이 늘고 있어. 윤리적 소비를 추구한다는 것은 단순하게 무엇인가를 잘 쓴다는 의미를 넘어서 함께 살아가는 세상을 위한 소비 활동이라 할 수 있지. 주변의 환경이나 인간, 동물에게 해를 끼치지 않는 소비가 바로 윤리적 소비야.

대부분의 사람들은 내가 입고, 쓰고, 먹는 것이 어떠한 과정을 통해 만들어지고 내 손까지 오는지에 대해서 관심이 없어. 돈을 지불했으니 뭐가 문제일까 여기는 거지. 하지만 윤리적 소비를 지향하는 사람들은 나에게 온 물건이 어떠한 과정을 거쳐 나에게 오게 되었는지 과정까지 생각하면서 소비를 해.

예를 들어 나이키 운동화를 인도에 사는 다섯 살짜리 꼬마가 만들었다면 윤리적 소비를 하는 사람은 그 신발을 사지 않는 거지. 미국이나 유럽에서 만든 나이키 신발보다 싸더라도 말이야. 단순히 돈이 싸냐 비싸냐를 비교하는 것이 아니라 운동화가 만들어지는 과정에 어떠한 비윤리적 활동이 포함되어 있는지 꼼꼼히 살피는 것이지.

화장품을 사용하더라도 동물 실험을 하지 않은 화장품을 선택하고, 환경에 해를 주지 않는 유기농 먹거리를 선택하는 것이 윤리적 소비란다. 그냥 소비하는 것과 윤리적으로 소비하는 것의 차이가 뭔지 알겠니? 바로 소비 활동을 할 때 선택의 기준을 돈이 아니라 가치에 둔다는 점이지.

윤리적 소비는 환경 보호를 우선으로 생각한단다. 지구에 살고 있는 모든 생명체에게 해가 되지 않도록 말이야. 그래서 먼 곳에서 생산되어 나에게까지 오는 데 엄청난 연료가 드는 물건은 되도록 사지 않고 내 주변의 가까운 곳에서 만들어진 식품을 구매하려

하지. 이것은 지역 경제를 살리는 방법이면서, 온실가스 사용을 줄이는 방법이기도 하거든.

현금을 쓸까, 신용 카드를 쓸까?

지금까지 돈의 가치와 돈을 쓰는 태도 등을 중심으로 돈을 쓰는 방법을 생각해 보았어. 이제 실제 생활에서 돈을 쓰는 법에 대해 살펴보기로 하자.

요즘 사람들은 지갑에 현금보다 카드를 더 많이 넣어 다닐 거야. 우리나라 성인의 경우 보통 4~5장의 신용 카드를 갖고 있을 정도로 카드는 널리 이용되고 있지.

그렇다면 물건을 살 때 어떤 방법을 선호할까? 몇 년 전만 해도 현금을 사용하는 사람이 많았지만 지금은 스무 살만 넘으면 카드를 주로 사용해. 현금을 가지고 다니지 않아도 카드 한 장만 있으면 어디서든 쉽게 결제가 가능하기 때문이지. 특히 많은 돈을 지불해야 할 때는 더욱 편리하니까.

그럼 현금과 신용 카드 어느 쪽을 쓰는 것이 나의 소비 생활을 돕는 방법일까? 우선 현금은 내 주머니 속에 들어 있는 한도 내에서만 쓸 수 있어. 가지고 있는 돈이 없으면 더 이상 물건을 살 수 없지. 반면 신용 카드는 당장 돈을 내지 않아도 돼. 물건을 사는 순간 카드 회사가 돈을 대신 내줄 테니까. 나는 카드 회사에 돈을 넣어 주기로 한 날 그동안 사용했던 금액만큼을 넣어 주면 돼. 돈이 없을 때에도 물건을 살 수 있지. 사람들이 카드를 더 많이 쓰는 이유가 바로 이것 때문이야.

하지만 우리가 반드시 잊지 말아야 할 것이 있어. 현금과 신용 카드 모두 결국 내가 돈을 내야 한다는 것이란다. 신용 카드를 사용한다는 것은 잠시 돈 내는 것을 미룬 것일 뿐이야. 카드 회사에서 돈을 대신 내줬기 때문에 나는 그 기간 동안 카드 회사에 빚을 지고 있는 셈이지. 정해진 기간 안에 신용 카드사에 돈을 갚지 않으면 은행 대출 이자보다 훨씬 많은 이자를 내야 한단다. 신용 카드를 마치 도깨비 방망이처럼 쓰다가 갚을 수 없는 상태가 되면 신용불량자가 될 수도 있으니 주의해야 해.

잘 쓰면 약이 되는 신용 카드

카드 소비가 무조건 위험한 것만은 아니야. 현명한 소비자에게 신용 카드는 훌륭한 돈 관리 수단이 될 수 있지. 우선 카드 회사에서는 내가 어디에 돈을 썼는지 매달 정리해 보내 주니까 가계부를 쓰지 않는 사람은 카드 명세서만 보고도 자신의 소비 패턴을 파악할 수 있지. 또, 카드 회사에서는 사용자를 늘리기 위해 카드 사용자들에게 여러 가지 혜택을 줘. 그런데 신용 카드 회사들은 왜 이런 혜택을 주는 걸까? 그건 자기 회사 카드를 사용하는 사람이 많을수록 카드 회사는 가맹점으로부터 더 많은 수수료를 받을 수 있기 때문이란다.

카드 회사에서는 자기네 카드로 결제하면 할인을 해 주거나 무이자로 대금을 나누어 갚을 수 있게 해 주기도 하지. 카드사의 혜택을 잘 이용하면 현금으로 물건을 살 때보다 훨씬 저렴하게 살 수도 있어. 카드 회사가 신용을 담보로 돈을 빌려주기도 해. 급하게 돈이 필요할 때 유용하게 쓸 수 있지. 하지만 빌린 돈에 대한 이자를 많이 지불해야 하고, 수수료까지 내야 하므로 가급적 쓰지 않는 것이 좋다는 걸 명심해야 한단다.

신용 카드의 또 다른 장점은 신용 점수를 높일 수 있다는 것이야. 현대 사회는 신용 사회라고 하잖니. 돈이 없어도 신용만 있다면 물건을 살 수도 있고 돈을 빌릴 수도 있어. 대신 개인의 신용도에 따라 빌릴 수 있는 돈의 양이나 이자율이 다르지. 신용도란 돈을 얼마나 잘 갚을 수 있는지를 숫자로 나타낸 것이니까.

신용도는 질 좋은 고기를 나눌 때처럼 등급을 이용한단다. 1등급에서 10등급까지 나누어져 있으며 1등급이 신용도가 가장 좋은 상태야. 그렇다면 돈이 많은 사람은 전부 1등급일까? 아니야. 앞에서 얘기했던 것처럼 신용도는 얼마나 잘 갚을 수 있는지를 나타내는 것이란다.

그래서 개인이 갖고 있는 돈의 양도 중요하지만, 그동안 금융 거래를 하면서 얼마나 약속을 잘 지켰는가가 아주 중요해. 신용 카드를 사용하고 정해진 날짜에 잘 갚았는지, 휴대폰 요금을 잘 냈는지, 대출받은 금액을 잘 갚고 있는지가 더 중요하지.

은행권이 아닌 비금융권 대출은 신용도를 떨어뜨리는 주범이
야. 버는 것보다 훨씬 많은 금액을 쓰고 있다면, 조심해야 해. 언제
든 빚쟁이가 될 가능성이 크기 때문에 은행에서는 요주의 인물로
볼 수 있거든.

쓰는 데도 계획이 필요

현금을 내든, 신용 카드를 쓰든 돈을 쓸 때는 계획이 필요해. 계획
없이 돈을 쓰다 보면, 내가 갖고 있는 자금 능력보다 더 많은 지
출을 할 수도 있고, 그래서 꼭 필요한 물건을 사지 못할 수도 있을
테니까.

아하, 그래서 엄마가 장을 보러 갈 때
목록을 적어서 들고 나가시는 거구나.

엄마가 용돈 지출 계획서를 쓰라고 하는 것도 이런 이유 때문이죠?

 맞아, 돈을 어떻게 쓸지 미리 예측해 보고 기록한 것을 지출 계획서라고 하지.
계획을 잘 세우면 돈을 현명하게 소비할 수 있단다.

제대로 된 소비 생활을 이어 가기 위해서는 돈을 쓰기 전에 미리 적어 보는 것이 좋아. 지출 계획서가 왜 필요한지 한번 살펴볼까? 우선 지출 계획서를 쓰면 내가 가진 돈이 얼마이고, 꼭 필요한 지출이 무엇인지 한눈에 파악할 수 있어. 자금의 흐름을 쉽게 파악할 수 있는 거지.

또한 소비를 계획적으로 할 수 있어. 지출 계획서대로 돈을 쓰면 충동적인 구매를 줄일 수 있고, 불필요한 지출을 막을 수 있단다. 또한 필요한 지출과 불필요한 지출을 구분할 수 있어서 잘못된 지출을 수정할 수 있지. 지출 계획서는 개인의 소비 생활을 쉽게 파악할 수 있게 해 줄 뿐 아니라, 돈을 모을 때도 많은 도움이 될 거야.

투자로 돈 불리기

저축을 꾸준히 하다 보면 이자가 차곡차곡 쌓이고, 안전하게 돈을 늘릴 수 있지. 하지만 이자로 얻을 수 있는 수익은 별로 크지 않아. 안전한 대신 수익이 적은 것이지. 그래서 사람들은 좀 더 빨리 돈을 늘리기 위해 주식이나 가상 화폐 등에 투자하곤 한단다.

아들   얼마 전에 가상 화폐 열풍에 대한 기사를 본 적이 있어요!

엄마   가상 화폐가 엄청 올랐다는 소식도 있었지만
        엄청 값이 떨어졌다는 소식도 있었지.

딸   주식이나 가상 화폐는 함부로 투자하는 거 아니라던데요?
       그건 투기라고 했어요.

사람들이 투자와 투기에 대해 헷갈려 하는데, 잘 들어. 투자는 이익을 얻을 목적으로 돈이나 시간, 정성 등을 쏟는 것을 뜻해. 예를 들어 건물에 세를 놓거나, 귀금속 또는 농산물 등에 투자할 수 있어. 또, 주식과 펀드 같은 금융 상품에 가입하는 것을 투자라고 말하기도 하지. 그렇다면 투기는 어떤 걸 말하는 걸까?

흔히 부동산 투기, 주식 투기 같은 말에 주로 쓰여. 비정상적으로 높은 수익을 얻기 위해 많은 위험을 무릅쓰고 하는 경제 활동을 투기라고 하는 거야.

아들   아, 짧은 시간에 돈을 왕창 벌 수 있지만 안전한 방법은 없는 건가요? 부자가 되고 싶어요!

누구나 짧은 기간에 높은 수익을 얻기를 원할 거야. 하지만 실제로 그런 일은 어려울 수밖에. 그러다 보니 높은 수익을 원하는 사람들의 마음을 악용하는 사람들도 있단다. 예를 들어 짧은 시간 동안 큰돈을 투자하면 높은 수익을 주겠다고 광고하는 거야.

그리고 얼마 동안은 안정적인 수익을 지급하지. 그러면 투자자들은 더 큰 수익을 얻고 싶어서 더 많은 돈을 투자하게 돼. 이때부터 돈을 제대로 지급하지 않는 거지. 이런 사기 방법을 '금융 피라미드 사기'라고 하는데, 실제로 이 빤한 수법에 수많은 사람들이 속아 넘어가곤 해.

그래서 사람들은 복잡하고 다양한 금융 상품에 대한 지

식을 가진 사람들에게 대신 투자를 맡기기도 하지. 펀드 매니저라든지 주식 전문가에게 돈을 맡기고 일정 액수 이상 돈이 불어나면 성과금을 주는데 이러한 방식을 간접 투자라고 해.

워런 버핏은 주식 투자로 부자가 된 아주 유명한 사람이야. 워런 버핏의 재산은 83억 달러(한화로 약 10조) 정도인데 그가 그렇게 큰돈을 벌 수 있었던 건 주식 투자 때문이래. 비단 버핏뿐만이 아니라 빌 게이츠, 스티브 잡스, 멕시코의 통신 재벌 카를로 슬림 등 수많은 사람들이 주식 투자로 큰돈을 벌었어.

딸   성공하는 주식 투자란 대체 뭘까요?

아빠   오랜만에 아주 좋은 질문이야!

앞에서도 말했듯이 회사가 공장을 만들기 위해서는 큰돈이 필요하겠지. 그럴 때 발행하는 게 바로 주식이야. 회사에서는 자신들의 기업 가치와 기술을 바탕으로 주식을 발행해. 그러면 그 회사가 앞으로 얼마나 경영을 잘 할 것인지, 큰 수익을 낼 수 있을 것인지 등을 판단하고 사람들이 주식을 사는 거지. 주식을 사면 그 회사의 주인이 되어 주식을 가진 만큼 권리를 행사할 수 있거든.

> 딸   아하, 그래서 주식을 가진 사람들을 주주라고 부르는 거군요?

> 아들   안전한 회사의 주식을 사면 손해를 보지 않나요?
> 저는 손해 보는 게 너무 무서운데!

주식은 높은 수익을 볼 수 있지만 반대로 회사가 경영을 잘못해서 손해가 났을 경우에는 주식을 산 돈을 하나도 돌려받지 못할 수도 있어. 그래서 주식 투자를 할 때에는 신중해야 한단다.

> 아들   윽, 나는 손해 보는 게 싫은데! 주식은 해 보고 싶고…… 어떡하죠?

> 아빠   그럴 땐 방법이 있지.

누구든 투자를 하기 전엔 두렵고 망설여지기 마련이야. 어렵사리 모은 돈을 잘못된 투자로 날려 버리면 얼마나 속상하겠어. 그래서 실제로 투자를 하기 전에 가상으로 투자를 해 볼 수 있는 '모의 투자'라는 걸 통해 연습을 해 보기도 한단다.

모의 투자란 가상 화폐를 이용하여 투자를 모방하는 것

을 말해. 모의 투자는 실제 자산을 투자하지 않아 재산을 잃을 걱정 없이 투자 기술을 훈련할 수 있다는 장점이 있지. 게다가 실전 투자와 동일하게 손익이 나므로 투자 방법을 빠르게 터득할 수 있어. 모의 투자는 증권 회사나 포털 사이트를 이용해 체험할 수 있단다. 하지만 모의 투자에는 함정이 있지. 바로 모의 투자로는 큰 수익을 올렸는데 실제로는 손해를 볼 수도 있다는 점이야. 모의 투자는 어디까지나 가상으로 하는 것이라서 실전 투자와 차이가 나거든.

> 딸   아빠, 그런데 우리 같은 학생도 주식 투자를 할 수 있나요?

> 아들   모의 투자 말고 진짜 주식 투자 말이에요!

> 아빠   물론 가능하지!

주식 투자는 경제를 직접 보고 배울 수 있는 중요한 교육 수단이지. 주식 투자를 하고 싶다면 우선 통장을 만들어야 해. 아, 이때 통장은 은행에서 만드는 통장이 아니라 증권 회사에서 만들어 주는 통장이어야만 해. 미성년자의 경우 법정 대리인인 부모님과 함께 가야 하겠지. 그렇게 통장을 만들고 나면 그 돈으로 증권 회사에 상장되어 있는 주식들 가운데 원하는 걸 사는 거야.

아들 사고 싶은 주식을 아무거나 사면 되는 거예요?

딸 그럴 리가! 오를 것 같은 주식을 잘 찾아보고 골라야겠지. 그렇죠?

주식을 사기 전엔 자신이 사고자 하는 주식이 어떤 회사의 것인지 잘 알아봐야겠지. 무엇이든 투자를 하기 전엔 신중하게 살펴보아야 하는 거야. 그런 다음 얼마를 벌고 싶은지 목표 수익률을 정하고, 나누어 사고팔고, 팔아야 할 때는 과감하게 매도하기도 해야지. 사 놓고 무조건 가만히 놔두기만 하면 투자가 아니잖아.

참, 주식을 사 놓고 마냥 오를 거라고 기대하면 안 돼. 주식은 세계 경제와 상황, 여건에 따라 오르기도 하고 내리기도 하거든. 그래서 주식을 할 때 손해를 줄이려면 '주식 투자 계획서'를 작성하는 것이 좋단다.

주식 투자 계획서가 필요한 이유는 주식이 날마다 오르거나 내리기 때문이야. 내가 고른 주식이 하루에 얼마나 올랐는지, 또 얼마나 내렸는지 잘 살펴보고 목표 금액에 도달할 때까지 살펴보아야 해. 그러기 위해서는 투자 계획서가 필요하지.

딸 주식 거래를 하는 방법을 정리해 보면 다음과 같군요.

1. 주식 거래를 위한 계좌를 개설한다.

2. 어떤 주식을 살지 신중하게 살핀다.

3. 주식 투자 계획서를 작성하고 원하는 주식을 산다.

아빠 옳거니! 하나를 얘기하면 열을 알아듣는구나!

주식 투자를 할 땐 가급적이면 안전한 주식을 사는 게 좋아. 주식 자체가 워낙 변동이 크기 때문이지.

또 주식을 고를 땐 정보를 아주 많이 수집해야 해. 예를 들어 '어떤 회사가 비장의 기술을 발표할 예정이다!' 이러면 그 회사 주식을 사 두는 게 좋지. 또 배당금을 많이 주는 회사가 대체로 안전한 회사야.

주식 투자는 불안전하고 위험한 일이지만 신중하게 선택할 경우 큰 수익을 얻을 수도 있단다.

세계를
움직이는 돈

교통과 통신의 발달로 세계는 점점 좁아지고 있어. 산업혁명 이후 자본의 힘은 막강해졌고 이제는 군사력 대신 자본을 가진 나라가 세계 시장의 권력을 쥐게 되었지. 국가 사이에서도 돈은 중요한 거래 수단이 된단다.

사회 속 돈의 의미

생활고에 라면 훔친 남성 붙잡혀

일용직 노동자로 생계 이어 오다 돈이 없어 라면 훔쳐

생활고를 견디다 못해 매일 편의점에서 라면 1개씩을 훔쳐 먹은 50대 남성이 경찰의 도움으로 생활의 발판을 마련할 수 있게 되었다. 절도 혐의로 입건된 하 씨는 그동안 일용직으로 생계를 이어 오다 두 달 전부터 일이 끊겨 돈을 벌 수 없었다고 진술했다. 하 씨의 딱한 사정을 전해 들은 경찰은 지방 정부와 협의하여 긴급 복지지원대상자로 선정하는 등 따뜻한 온정의 손길을 보낸 것으로 전해졌다.

2018년 10월 지방 신문

요즘 먹을 게 없어서 라면을 훔치고,
편의점에서 삼각 김밥을 훔치는 젊은이들이 한둘이 아니래요.

어떤 편의점 주인은 사정 이야기를 듣고
그냥 용서해 줬다고 하더라고요.

 돈이 뭐길래, 사람을 감옥에 집어넣을 수도 있고,
아름다운 천사로 만들기도 하는 걸까? 궁금하지?

　돈은 우리가 필요한 물건을 사고, 음식을 먹게 만들어 주는 중요한 수단이야. 사회에서 무엇인가와 바꿀 수 있는 중요한 교환 수단이지. 물론 돈 이외에 다른 것들도 교환 수단이 될 수 있어.

　예를 들면 우리 집 감나무에 열린 감과 철수네 과수원 사과를 바꾸는 것처럼 말이야. 하지만 감이나 사과는 우리 집과 철수네 두 집 사이에서만 거래될 수 있는 물건이지. 그러나 돈은 내가 살고 있는 도시나 동네 사람 누구와도 물건을 바꿀 수 있는 교환 수단이잖니?

　그것은 사회에 속한 모든 사람이 돈이란 다른 물건이나 원하는 서비스와 교환할 수 있는 수단이라고 정했기 때문에 가능한 거란다. 재산을 모으고, 물건을 사는 돈의 원래 기능과 함께 사회 구성원들이 지키기로 정한 가장 근본적인 약속인 셈이지.

　돈은 사회에 속한 사람들이 약속으로 정한 것이기 때문에 언제든지 가치와 내용이 바뀔 수 있어. 물론 아무 때나 돈의 가치와 모양을 바꾸면 사회에 혼란이 올 수 있지. 하지만 현재의 돈이 사회에 나쁜 영향을 미친다고 판단되면 사회 구성원들이 논의해서 새로운 화폐를 만들 수 있단다.

만약 돈의 가치가 너무 떨어져 물건 하나를 살 때 수레 가득 지폐를 들고 가야 한다면 어떨까? 혹은 돈과 똑같은 물건을 쉽게 만들 수 있다면 어떨까? 이런 위조지폐가 시장에 퍼지게 되면 사람들은 더 이상 그 돈을 믿을 수 없게 되겠지.

우리나라에서는 100여 년 동안 4번 새로운 화폐가 등장했어. 지금은 원(won)으로 표시된 화폐가 당연한 것처럼 보이지만, 1950년 우리나라 화폐 단위는 환이었지.

집단을 나누는 기준, 돈

사람을 사회적 동물이라 부르잖니. 사람은 혼자서는 살 수 없으며, 누군가와 집단을 만들어 생활하기 때문에 그렇게 부르는 거야.

사회는 사람이 만든 모든 집단을 의미한단다. 사회 안에는 무수히 많은 사람들이 포함되어 있어. 사회에 속한 사람들은 여러 가지 기준을 내세워 그 안에 다시 작은 사회를 만들거나 계층을 만들곤 해. 서로 특별한 집단 안에 속하기를 원하기 때문이지.

돈은 사회 안에서 사람들을 구분 짓는 중요한 기준으로 사용되기도 해. 갖고 있는 돈의 양이나 차이에 따라 집단을 나누기도 하고, 구분 짓기도 하지. 돈을 많이 갖고 있는 사람들은 부유층, 돈을 적게 갖고 있는 사람들은 빈곤층이라 부르지.

그중에서도 돈을 많이 갖지도, 아주 없지도 않은 사람들을 중산층이라고 해. 중산층은 여러 계층 중에서 가장 많은 비중을 차지하기 때문에 사회의 영향력이 가장 큰 그룹이지.

 얘들아, 우린 중산층일까, 아닐까?

우리 정도면 중산층이 아닐까요?

난 아닌 거 같아. 늘 돈이 부족하잖아.

1980~1990년대에 우리나라 국민에게 자신이 어느 계층에 속해 있는지 인터뷰를 하면 절반 이상의 사람들이 중산층이라고 대답했어. 우리나라에서 중산층은 많은 의미를 갖고 있지. 중산층에 속한다는 것은 다른 사람만큼 돈을 갖고 있고, 사회에서도 뒤처지지 않았다는 것을 의미해. 남들만큼 배웠으며, 사회에서 중간 이상의 지위에 속한다는 뜻이기도 하지.

그렇다면 실제 중산층은 어떤 의미일까? 중산층은 경제적 수준과 사회 문화 수준을 기준으로 사회 전체 중 중간쯤에 해당하는 계층의 사람들을 뜻해. 사회, 문화 수준은 교육의 정도나 생활

방식 등을 뜻하는데, 경제 수준 즉 갖고 있는 돈의 양에 큰 영향을 받을 수밖에 없어.

사회 전체 구성원들의 소득을 1등부터 나열했을 때 중간 부근에 속해 있는 사람들을 중산층, 소득 중간 값의 절반 이하로 벌 경우는 빈곤층, 1.5배 이상을 벌 경우는 고소득층으로 분류하지. 결국 중산층은 소득 중간 값의 절반을 버는 사람에서 1.5배를 버는 사람까지 포함되므로 그 사이의 격차도 커.

1980~1990년대까지만 해도 우리나라 사람 대부분이 중산층이라고 생각했어. 중산층이라는 생각만으로 상대적인 박탈감에서 벗어날 수 있었지. 하지만 2000년대 이후 빈부의 격차가 커지면서 많은 사람이 자신을 빈곤층이라고 여긴다고 해.

돈 없이 살 수 있을까? 1원도 안 쓰고 1년 버티기

평생을 돈 없이 살아가는 것은 불가능하지만, 기간을 정해 놓고 돈이 없이 살기에 도전하는 세계적인 괴짜들이 등장했다. 프리코노미(Freeconomy) 운동을 이끄는 영국의 마크 보일은 '돈 한 푼 안 쓰고 1년 살기'에 성공했다. 무모해 보이는 '돈 없이 1년 살기'의 목적은 지구 환경 보존. 돈이 없으므로 마크는 물건을 살 수도 없고, 전기를 쓸 수도 없었다. 대신 자전거를 타고 다니고, 필요한 작물을 길러서 먹거리를 만들었다. 돈 없이 사는 동안 마크는 쓰레기를 거의 만들지 않았으며, 석유나 화학제품을 쓰지 않게 되었다고 한다.

1%가 절반의 돈을 갖고 있다고?

태국은 세계에서 세 번째로 빈부격차가 심한 나라야. 국제 유명 투자 회사의 분석 자료에 따르면 태국 상위 1%가 태국 돈의 66.9%를 갖고 있다고 해. 그 말은 99%의 사람들이 나머지 태국 재산의 35%를 나누어 갖고 있다는 뜻이지.

이와 같은 부의 편중은 세계 시장에서도 똑같이 나타나는 현상이야. 세계 상위 1%의 부자들은 전 세계 부의 50% 이상을 차지하고 있어. 이들이 갖고 있는 부의 크기는 약 140조 달러로 우리나라 1년 GDP의 약 100배에 해당한다는구나(2017년 기준).

세상 돈의 절반을 차지하고 있는 1%의 슈퍼 부자들과 대조되게 전 세계 인구의 절반인 35억 명은 빈곤층이지. 그들이 갖고 있는 재산은 대부분 1만 달러(한화 1100만 원) 보다 적으니까 매우 심각하다고 할 수 있어.

사회로 환원하는 노블리스 오블리주

노블리스 오블리주라는 말을 들어 본 적 있니? 노블리스 오블리주는 프랑스어로 '귀족'을 뜻하는 노블리스와 '도덕적 의무'란 의미의 오블리주가 결합하여 만들어진 단어야. 즉 '높은 사회 신분에 따르는 도덕적 의무'를 뜻하는 것이지.

우리나라나 인도, 태국처럼 신흥 국가에서는 갑부들의 노블리스 오블리주가 흔한 일이 아니야. 짧은 기간에 고속 성장하기 위해 사회가 실적이나 성과, 돈에 가치를 두었기 때문이야. 당연히 돈은 존경이나 사랑 같은 단어와는 거리가 멀 수밖에 없지.

그럼에도 세계적인 갑부나 권력가 중에는 사람들의 존경과 부러움을 받는 인물들이 등장해. 그들이 존경을 받는 이유는 단 하나! 부와 권력을 가지고 있지만 한편으로 사회에 봉사하고 헌신하는 모습을 보였기 때문이지.

우리나라에서도 노블리스 오블리주를 실천했던 경주 최부자 이야기는 전국적으로 유명해. 경주 최부자 집은 조선 후기 300여 년 동안 남부 지역 최고의 갑부 집안이었대. 최부자 집에는 후손들이 반드시 지켜야 할 부에 대한 몇 가지 규칙이 있었다는구나.

우선 주변 10리 안에 굶어 죽는 사람이 없게 하고, 진사 이상의 벼슬을 하지 않도록 했대. 또 1년에 1만 석 이상의 재산은 모으지 않으며, 흉년에는 남의 논밭을 사지 말라는 내용도 포함되었지. 최부자 집의 규칙에는 돈을 모으되 사회에 해를 끼치지 않고 주위를 돌아보며 살라는 중요한 뜻이 담겨 있었어. 300년이란 오랜 세월 동안 최부자 집이 부를 유지할 수 있었던 것은 노블리스 오블리주를 실천했던 집안 가풍이 있었기에 가능했지.

얼마 전에는 홍콩의 유명 배우 주윤발이 자신의 전 재산을 사회에 기부하겠다고 발표했어. 그의 재산은 56억 홍콩 달러, 우리나라 돈 8000억 원에 이르는 어마어마한 액수였어. 주윤발은 재산의 사회 환원을 약속하며, '내 재산은 내 것이 아니며 돈은 행복의 원천이 아니다. 내 꿈은 행복하고 평범한 사람이 되는 것'이라고 말했다고 해. 정말 멋지지 않니?

정부가 사회 속 돈을
관리하다

미국 금리 더 낮추겠다고 발표
최악의 경기 침체를 막기 위해 금리를 인하하는 미국!

미국 연방준비위원회 버냉키 의장은 기존 1%의 기준 금리를
0~0.25% 수준으로 크게 낮추겠다고 발표했다. 연방준비위원회
는 지난해 8월부터 지금까지 10여 차례에 걸쳐 금리 인하를 단행
하였으며 5.25%였던 기준 금리는 사실상 제로 상태까지 떨어졌
다. 이 같은 연준의 조치는 최악의 경기 침체를 막아 보겠다는 강
한 의지로 해석되고 있다.

2008년 12월 경제 뉴스

금리를 내린다 올린다 할 때마다 뉴스에서는 난린데

무슨 말인지 모르겠어요.

특히 다른 나라의 금리를 내리거나 말거나

왜 신경을 써야 하는 거죠?

 미국이 금리를 내린다는 것 자체가

전 세계 금융에 아주 큰 영향을 미치기 때문이지.

대체 어떤 영향을 미치는지 지금부터 찬찬히 설명해 줄게.

회사나 가정 경제가 여러 가지 이유로 변화가 있는 것처럼 나라 경제도 변동 요소가 많아. 그래서 정부는 그 나라가 망하지 않고 잘 굴러갈 수 있도록 여러 가지 경제 정책을 펼치지. 정부가 펼치는 경제 정책 중 가장 기본이 되는 것은 나라 안의 돈을 관리하는 것이란다.

정부는 시장에 돌아다니는 돈의 양과 성질을 파악하고, 나랏돈의 가치를 적정하게 유지할 방법을 고민하지. 국민이나 기업에 세금을 부과해서 자원을 확보해 필요한 경제 정책을 펼치기도 해. 정부가 돈을 어떻게 관리하는가에 따라 그 나라의 경제 사정이 좋아지기도 하고 나빠지기도 하거든.

돈을 줄였다 늘렸다, 통화량 관리

정부가 펼치는 중요한 경제 정책 중 하나는 사회에서 움직이고 있는 돈을 어떻게 관리할 것인가 하는 거야. 나라에서는 사회에서 움직이는 돈의 양을 분석하지. 너무 많은 돈이 시장에 풀리게 되면, 사람들은 돈을 많이 쓰게 되고 물건 값은 올라가게 돼. 보통 그러한 현상을 인플레이션 현상이라고 부르지.

인플레이션 현상이 일어나면 나라에서는 시장에 퍼져 있는 돈을 거둬들일 정책을 펼치게 돼. 이때 등장하는 것이 바로 금리 정책이란다. 중앙은행에서는 각 은행과 거래할 이자율을 정하게 되는데, 이것을 기준 금리라고 해.

기준 금리가 올라가면 은행의 금리도 올라가게 된단다. 은행이 돈을 맡긴 사람들에게 많은 이자를 주면 사람들은 물건을 사거나 투자를 하기보다는 은행에 저금을 하려고 하겠지. 왜냐고? 위험하게 투자하는 것보다 은행의 금리가 더 높은 수익을 안겨 주기 때문이야. 은행에 모이는 돈의 양이 늘어나게 되면 자연히 시장에서 움직이던 돈의 양은 줄어들게 돼.

반대로 경기가 너무 좋지 않아 시장에 돈이 돌아다지지 않을 때 중앙은행은 기준 금리를 내려. 그러면 사람들은 은행에 저축을 해도 이자를 얼마 받지 못하게 되지. 사람들은 저축을 하는 것보다 다른 곳에 투자를 하려고 돈을 찾을 거야. 자연스레 시장에 돈이 많아지고, 경기는 활발해지겠지? 정부는 물가가 너무 오른다거나 침체가 될 경우, 금리를 올리거나 내려서 시장에 풀린 돈의 양을 조절하는 거야.

세금의 두 얼굴

기업을 운영할 때 막대한 자금이 필요한 것처럼 국가에도 많은 돈이 필요하단다. 그럼 나라에서는 필요한 돈을 어떻게 마련하는 걸까? 혹시 한국은행에서 필요한 만큼 찍어 내면 되지 않을까 생각한다면 오산! 중앙은행이라도 무분별하게 화폐를 발행하게 되면 그 나라는 극심한 인플레이션으로 곧 파산하게 돼.

나라에서 필요한 돈은 국민의 주머니 속에서 나오는 거야. 바로 세금이지. 나라에서는 그 나라에 살고 있는 국민이나 기업들에게 여러 가지 명목으로 세금을 걷고 세금을 이용해 나라의 정책과 필요한 사업을 진행하게 돼.

세금은 나라를 운영하는 중요한 자금원이면서 부를 재분배하는 중요한 장치이기도 해. 돈을 많이 버는 사람에게는 조금 더 많은 세금을 거두고, 돈을 적게 버는 사람에게는 세금을 조금 덜 걷어서 서로 간의 격차를 줄이는 거지.

유럽과 미국 등 대부분의 나라는 자본주의 경제 체제를 채택하고 있어. 돈을 갖고 있는 사람이 생산 시설을 갖고 있고, 일을 하는 사람을 고용해 이윤을 만들어 내지. 노동자와 자본가는 같은 양만큼의 일을 해도 더 많은 이윤을 가져가. 자신의 노동 외에 투자한 자본에 대한 몫을 별도로 챙겨 가기 때문이야. 그래서 자유주의 경제 속에서는 부자와 가난한 사람 사이의 격차가 점점 벌어질 수밖에 없는 거야.

나라는 부자와 빈자 사이에 끼어들어 점점 커져 가는 부의 차이를 줄이기 위해 노력하게 돼. 부자와 빈자 사이의 격차가 너무 많이 벌어지게 될 경우, 그 사회는 폭동을 비롯해 이민자가 늘어나는 등 여러 가지 문제가 일어날 수 있어. 무엇보다 현대 사회는 국민 모두가 최소한의 인간적인 삶을 꾸려 나갈 수 있게 만드는 것을 목표로 하고 있잖니. 그래서 국가는 국민들이 최소한의 인간적인 삶을 보장받을 수 있도록 정책적으로 지원하려고 노력하는 거란다.

세금은 나라에 돈을 주는 거잖아. 세금으로 거둬들인 돈을
가난한 사람들에게 주는 것도 아닌데 어떻게 부의 재분배가 되는 거지?

세금으로 여러 가지 복지 사업을 하니까
부의 재분배가 되는 거나 마찬가지.

세금을 이용해 국민들이 기본 생활을 유지할 수 있도록 지원하는 정책을 사회 보장 제도라고 해. 다른 사람에 비해 너무 돈이 없거나 병든 사람, 장애가 있는 사람 등 사회적 약자들에게 기본적인 생활을 할 수 있도록 나라가 지원하는 것이지.

물론 '부의 재분배'라고 해서 사람들의 돈을 나라가 몽땅 거두어 다시 나누어 준다는 뜻은 아니란다. 소수의 사람들만이 부자가 되는 현상을 조금이라도 줄이기 위해 펼치는 나라 정책이라고 이해하면 돼.

앞에서 살펴본 사회 보장 제도는 '부의 재분배'를 위한 정책 중 하나야. 나라에서는 모든 국민에게 똑같은 양의 세금을 걷지 않아. 돈을 많이 벌면 벌수록 세금을 더 많이 내도록 하고 있지.

만약 1년에 3억 원 넘게 돈을 버는 사람은 번 돈의 40%를 세금으로 내야 해. 반대로 1년에 1200만 원을 버는 사람은 번 돈의 6%만 세금을 내면 돼.

나라에서는 이렇게 거둬들인 세금으로 아플 때 누구나 병원을 찾을 수 있도록 국민건강보험을 지원한다거나, 노인이나 장애인들의 생활비를 도와주는 거야. 비록 돈을 조금밖에 벌지 못했지만 나라의 지원으로 병원이나 교육 등 기본 생활을 유지해 나가는 것이 가능해지지.

돈을 많이 벌수록 세금을 더 많이 내서 그 돈으로 다른 사람의 기본 생활을 지원하게 만들기 때문에 '부의 재분배' 기능을 담당한다고 표현하는 거란다.

자본주의 경제가 개인의 사유 재산을 인정하고 마음대로 움직일 수 있게 만드는 것은 맞지만 그렇다고 해서 지나치게 많은 이득을 노리는 투기는 막고 있어. 나라에서는 다양한 세금 정책을 이용해 개인이 돈을 버는 방법을 관리할 수도 있지.

다른 개발도상국처럼 우리나라도 소수의 사람들에게 부가 몰려 있는 편이야. 특히 아파트나 땅 같은 부동산의 경우는 더 심하지. 심지어 상위 3%가 서울 땅의 70%를 소유하고 있다는 통계가 나올 정도로 부의 편중이 심해. 나라에서는 이와 같은 부의 편중을 막기 위해 종합부동산세나 거래세를 올려 지나친 토지 소유를 막으려는 정책을 펼치고 있지. 게임이나 도박, 담합 등을 통해 지나친 이득을 취할 수 없도록 아예 불법으로 정해 놓기도 하고 말이야.

해외로 빠져나가는 부자들의 돈

북유럽은 세계에서 세금을 많이 내는 곳으로 유명해. 대부분의 사람들이 월급의 절반 정도를 세금으로 낸다고 해. 이렇게 많은 세금을 내지만 국민들은 높은 세금에 대해 큰 불만이 없어. 병원이나 교육, 노후 연금 정책이 잘 마련되어 있어서, 내가 내는 세금만큼 충분히 나라의 지원을 받을 수 있다고 믿기 때문이지. 하지만 모든 사람이 세금에 대해 긍정적으로 생각하는 것은 아니란다.

어떤 사람들은 자신이 노력해서 번 재산을 사회에 내놓는 것이 부당하다고 생각해. 노력의 대가를 꼭 사회 구성원들과 나누어 가져야 하는가 생각하는 거지. 그런 사람들은 자신의 재산을 나라에서 추적할 수 없는 곳에 꽁꽁 숨기기도 해. 그곳이 바로 조세 피난처란다.

조세 피난처는 경제 활동으로 소득을 얻더라도 세금을 내지 않거나 아주 조금만 내는 곳이야. 그런 나라들은 세계 부자들로부터 투자를 유치한 후 일정 수수료를 받게 되는데, 금액이 만만치 않아. 파나마 제도를 비롯해 태평양의 작은 나라에서는 이런 수수료만으로도 국가 경제에 큰 도움을 받을 수 있어.

OECD(경제협력개발기구)에서는 35개 정도의 나라를 조세 피난처로 규정하고 있지. 바하마, 버뮤다, 케이맨 제도는 조세 피난처로 유명한 곳이란다.

세계 국가들이 각 기업의 세금 정보나 경제 활동 등에 대해 정보를 공유하고 있지만 조세 피난처에서는 정보 공유를 거부해. 세계적인 갑부나 몇몇 다국적 기업은 막대한 세금을 아끼기 위해 조세 피난처로 회사를 옮기거나 회사 재산을 옮겨 놓는 거야.

우리나라를 비롯해 많은 나라에서는 조세 피난처로 빼돌려진 재산을 찾으려고 노력하고 있어. 조세 피난처로 빠져나간 자금 만큼 나라에서는 세금을 걸을 수 없기 때문에 그런 거란다. 조세 피난처로 재산을 옮기는 것은 불법이야. 그래서 정부에서는 해외로 빼돌려진 재산을 찾아내어 정당한 세금을 걸을 수 있도록 노력하고 있는 거지.

세계 속 돈의 가치와 자유 무역

중국 위안화 가치 더 낮춘다

위안화 평가 절하를 우려하는 목소리 높아져!

중국 중앙은행인 중국인민은행은 위안화의 가치를 달러당 6.9275위안으로 낮추겠다고 발표했다. 이번 중국인민은행의 위안화 평가 절하에 대해 미국 재무부는 중국 당국의 투명한 환율 관리와 힘께 지나친 가치 하락에 대한 우려를 표시한 것으로 알려졌다.

2018년 10월 경제 뉴스

환율이 뭔데 오르면 오르는 대로 난리,

내리면 내리는 대로 난리인 걸까요?

그러고 보니 우리나라도 IMF 때 환율이 올라서

큰일이라는 말을 들은 적이 있어요.

 환율은 국제 사회에서 다른 나라 돈과 바꿀 수 있는

교환 비율을 말하는 거란다.

교통과 통신의 발달로 세계는 점점 좁아지고 있어. 세계 기업들은 값싼 노동력을 찾아 후진국을 찾아가고, 기술과 자본을 갖고 있는 선진국들은 세계로 자국의 물건을 수출하지.

17~18세기만 하더라도 세계는 군사력을 갖춘 나라가 지배하고 있었어. 산업 혁명 이후 자본의 힘은 막강해졌고 이제는 군사력 대신 자본을 가진 나라가 세계 시장의 권력을 쥐게 되었지. 덕분에 제2차 세계 대전 이후 일본이나 독일 같은 나라도 새로운 기술을 앞세워 수출 선진국이 된 거야.

환율은 힘겨루기의 수단?

국가 사이에서도 돈은 중요한 거래 수단이지. 그런데 나라마다 사용하는 돈이 다르기 때문에 거래를 하는 두 나라 돈의 가치를 어떻게 정하느냐는 아주 중요한 문제가 된단다. 돈의 가치가 어떻게 정해지는가에 따라 어느 나라는 수출이 쉬워지고, 다른 나라는 상대적으로 물건 값이 비싸져 수출이 힘들어지거든.

예를 들어 우리나라 돈과 미국 달러를 바꾼다거나 우리나라 돈과 일본 엔화를 바꿀 때 환율에 따라 바꾸게 될 거야. 환율은 어느 나라건 바꾸려는 나라의 돈으로 표시가 가능하지.

하지만 세계 모든 나라의 돈을 환율로 표시하기에는 번거로워서 가장 널리 사용되고 있는 몇 가지 통화 수단을 대표로 표시해. 환율 표시만으로 사람들이 빨리 돈의 가치를 계산할 수 있도록 미국 달러 1달러 기준으로 표시하는 경우가 많지. 우리나라처럼 수출과 수입이 많은 나라에서는 환율이 어떻게 변하는가에 따라 나라 경제에 큰 영향을 받게 되는 거야.

무역이 중요해지면서 환율은 주요 수출국의 힘겨루기 수단이 되기도 해. 미국의 트럼프 대통령은 대통령에 오르자마자 일본, 중국, 독일 등에 대해 환율 전쟁을 선포했지. 이들 국가들의 공통점은 미국에서 수입하는 것보다 수출하는 양이 훨씬 많은 나라들이라는 거야. 미국은 일본 엔화, 중국 위안화, 독일 유로화 등에 대해 조작 가능성이 있다며 환율 조작을 멈추라고 경고했어.

이것은 뚜렷한 환율 조작의 증거가 있어서 일어난 일이 아니란다. 트럼프의 이런 경고만으로도 엔화, 위안화, 유로화의 가치가 오르고, 미국 달러화의 가치가 떨어졌어. 미국 달러 값이 떨어지게 되면 사람들은 미국 물건을 훨씬 싼값에 사갈 수 있기 때문에 수입이 늘어나게 되지. 결국 트럼프의 환율 전쟁은 세계 무역 시장에서 1등을 지키기 위한 고도의 전략이었던 셈이야.

세계은행 IMF와 IBRD

친구에게 돈을 꿔 주거나 빌리는 것처럼 나라 사이에도 비슷한 일이 일어날 수 있다. 나라의 정책을 펼치는 데 돈이 부족하거나 외국에 보내야 할 돈이 필요할 때가 있게 마련이다. 우리나라의 경제가 튼튼하고 믿음직스러울 때에는 외국에서도 쉽게 돈을 빌려주지만 나라 경제가 불안하면 돈을 꿔 주지 않거나, 비싼 이자를 요구하기도 한다. 그럴 때 국가는 IMF나 IBRD 같은 세계은행을 이용할 수 있다.

IMF(International monetary Fund) : 국제통화기금이라는 국제 금융 기구이다. 188개국의 회원국들이 자금을 모아 만들었다. 회원국들은 정해진 금액을 맡겨 두었다가, 필요할 때 돈을 빌릴 수 있다. 하지만 IMF로부터 돈을 빌릴 때에는 IMF가 제안하는 의견을 받아들여야 한다. IMF는 빠른 시일 안에 돈을 돌려받기 위해 구조 조정이나 인력 구조 개선 등 여러 가지 경제 살리기 처방전을 제시하기도 한다.

IBRD(International Bank for Reconstruction and Development) : 국제부흥개발은행으로 세계은행이라 불린다. IMF 회원국들만 가입할 수 있는 국제 은행이다. 제2차 세계 대전 이후 전쟁 피해 국가들을 지원하기 위해 만들어진 곳으로 지금은 주로 저개발 국가의 개발을 돕고 있다. 돈을 빌려주는 조건이 까다롭고 엄격하기 때문에 IBRD에서 대출을 받으려면 명확한 개발 계획과 시행 방법 등을 보여 주어야 한다.

세계 시장에서 움직이는 노동과 돈

10여 년 전 미국에서 출판된 책 한 권에 세계의 관심이 모였단다. 미국의 경제지 프리랜서 기자인 '사라 본지오르니'가 쓴 책이었는데, 제목은 《메이드 인 차이나 없이 살아보기》라는 것이었어. 이 책을 통해 사람들은 세계 경제의 영향력을 실감할 수 있었고, 우리 생활 속에 중국 제품이 얼마나 많이 퍼져 있는지 체감할 수 있게 되었지.

생각해 보니 우리 주변에도
메이드 인 차이나가 엄청 많은 것 같아요.

맞아. 우리가 알고 있는 것보다 훨씬 더 많은
메이드 인 차이나 제품을 실제로 쓰고 있단다.

그렇게 생각하니 중국이
엄청 대단한 나라라는 생각이 들어요!

중국은 한때 세계의 공장이라는 별명을 갖고 있었어. 9억의 막강한 노동력으로 세계 공산품의 50% 이상을 만들어 냈으니까. 하지만 중국의 경제가 발전하면서 중국의 인건비도 함께 높아져 갔지. 결국 중국에 있던 세계의 공장들은 더 이상 중국에서 물건을 만들 수 없게 되었단다. 중국의 높은 인건비로는 수익이 남지 않기 때문이지.

요즘은 중국에서 짐을 싼 공장들이 점차 인도로 이사를 가고 있는 추세야. 13억 명의 인구가 있는 인도는 제2의 세계 공장이 될 충분한 노동력을 갖고 있거든. 풍부하고 값싼 노동력을 찾아 세계 기업들이 인도로 몰려들고 있는 거지.

미국의 나이키나 독일의 BMW, 한국의 삼성전자는 세계인에게 알려진 대표적인 회사들이면서 역시 인도에 공장을 갖고 있는 회사들이야.

나이키는 미국 회사지만, 유럽에서 제품을 디자인하여 인도에서 생산한 후, 세계 각국으로 신발을 팔고 있어. 나이키처럼 세계 여러 곳의 자원을 활용하여 제품을 생산한 후, 다시 다른 나라에 물건을 파는 기업을 다국적 기업이라고 하지. 다국적 기업은 대표적인 세계화의 사례로 꼽힌단다.

세계화는 여러 나라가 문화, 경제, 사회적으로 서로 영향을 주고받으며 교류가 많아지는 현상을 말해. 특히 경제 분야의 세계화는 다른 어떤 분야보다 빠르게 진행되고 있지.

세계화의 영향으로 인도에 자본이 몰리고 있지만, 그것이 인도에 무조건 좋은 것만은 아니란다. 인도에 많은 공장이 모이면서 공기와 자연은 심하게 오염되고 훼손될 테니까. 산업 재해를 비롯해 여러 가지 문제점이 발생하지만, 다국적 기업들은 적은 비용으로 손쉽게 해결하려 들고 있어. 이것은 비단 인도만의 문제는 아니란다.

세계화는 돈의 논리가 작용하는 극단적인 사례이지. 선진국들은 세계화나 자유 무역이라는 이름을 내걸고, 국가 간의 자유로운 거래를 주장해. 하지만 이러한 자유 무역은 국가 경제가 잡히지 않은 후진국에는 아주 치명적이야. 외국에서 만들어진 값싸고 질 좋은 물건의 수입으로, 자국 내 기반 사업이 자리 잡기 힘들어지게 될 테니까.

후진국은 아직 생산 시설도 기술도 확보되지 못한 상태이기 때문에 당연히 경쟁이 되지 못하겠지. 기술과 자본은 점점 선진국에 모이고, 후진국의 빈곤층은 많아지게 될 거야. 자유 경제 안에서 빈부 격차가 벌어지는 것처럼 세계 시장 속에서 나라 사이의 빈부 격차도 자꾸 넓어지고 있지.

나라도 망할 수 있어요

버는 것보다 쓰는 것이 많아지면 기업이나 가정은 파산을 맞게 되겠지. 나라 역시 마찬가지란다. 세계 여러 나라와 우호적인 경제 교류와 수출을 하면서 나라 경제를 잘 이끌어 가지 못하면 국가의 경제 사정도 점차 나빠질 수밖에 없어. 최악의 경우 국가 파산을 선포하고, 국제 사회의 도움과 간섭을 받아들여야 해.

요즘 미국과 멕시코의 국경 사이에는 높은 철벽이 세워져 있어.

남아메리카의 여러 나라에서 미국으로 들어가려는 사람들을 막기 위해 미국에서 세운 장벽이야. 물론 합법적인 절차와 형식을 거쳐 입국하려는 사람을 막는 건 아니야. 이것은 어디까지나 자기 나라의 경제가 나빠져 더 이상 살 수 없거나, 전쟁이나 폭력으로 목숨이 위태로워져 미국으로 도망치려는 난민들을 막기 위해 만들어진 것이지. 멕시코의 국경 도시는 남아메리카에서 몰려든 난민들과 미군의 대치로 평화로운 날이 없거든.

남아메리카의 난민 중 상당수는 베네수엘라에서 온 사람들이야. 베네수엘라는 석유 강국으로 불리며 한때 남아메리카에서 가장 잘사는 나라에 이름을 올리기도 했지. 하지만 1999년 직접 민주주의를 시행하며 사정이 달라졌어. 국민의 요구에 따라 석유 산업을 민영화하고, 무상 복지 정책을 펼치기 시작했거든. 석유를 판 돈은 경제 살리기에 다시 투자되지 못했고 국민들의 복지 정책으로 전부 쓰였어. 결국 돈을 많이 벌던 상류층들은 높은 세금을 견디지 못하고 베네수엘라를 떠나고 말았지.

세금을 낼 사람이 점차 줄었지만 국민들의 복지에 대한 요구는 줄어들지 않았어. 최저 임금은 높아졌고, 물건을 만드는 생산 비용도 계속 높아졌지. 높은 인플레이션이 이어지자 국민들도 더 이상 살기 힘든 상황이 되었어. 취직은 힘들고, 물가는 천정부지로 솟아올랐단다. 지금까지 약 230만 명 정도의 베네수엘라 인들이 나라를 떠났으며 머지않아 500만 명에 이를 것으로 예상되고 있어.

베네수엘라의 경제가 어려워지기 시작했던 초반까지만 하더라도 주변 나라들도 베네수엘라 국민들에게 우호적이었어. 하지만 베네수엘라에서 넘어오는 난민들이 자신들의 일자리와 생활환경을 위협하면서 점차 등을 돌리고 있지. 브라질을 비롯해 에콰도르, 페루 등의 나라에서는 더 이상 베네수엘라 난민을 받아들이지 않겠다고 선포했고 말이야.

이런 난민 사태는 남미에서만 일어나는 것이 아니란다. 아프리카를 비롯해 동남아시아 등 여러 나라에서 나라를 떠나는 난민이 발생하고 있어 국제적인 문제가 되고 있어. 최근엔 우리나라의 제주도에도 난민들이 모여들고 있잖니. 결국 이런 문제는 우리가 해결해야 할 큰 숙제인 거지.

돈의 탄생에서 폐기까지

돈은 영원한 것일까? 돈도 사람처럼 태어나서 죽는다. 돈이 태어나서 없어질 때까지 돈의 일생을 따라가 보자.

돈의 탄생

나라의 돈은 그 나라의 중앙은행에서 만들어진다. 우리나라의 경우 중앙은행인 한국은행이 돈을 발행한다. 한국은행에서는 국민들의 의견과 정부 정책을 종합해 화폐의 모양이나 내용, 발행될 금액 등을 정하게 된다. 한국은행에서 디자인한 화폐의 도안은 조폐 공사로 보내진다. 조폐 공사에서는 도안을 설계해서 인쇄하고 제작한다. 조폐 공사에서 돈이 탄생하는 것이다.

은행을 통해 세상과 만나는 돈

한국은행은 조폐 공사에서 만들어 온 화폐를 잘 보관하고 있다가 은행이나 금융 기관에서 요청해 오면 필요한 만큼 돈을 내보낸다. 이를 화폐의 발행이라고 한다. 대부분의 돈은 은행이나 금융 기관을 통해 세상으로 나오게 된다. 은행에 도착한 돈은 회사나 개인 통장으로 보내진다.

한국은행으로 돌아오는 돈

한국은행은 개인과 직접 거래를 하지 않는다. 개인은 은행이나 금융 기관에 돈을 맡기기도 하고 빌리기도 한다. 은행으로 들어온 돈은 개인이나 회사를 통해 시장으로 나가게 된다.

시장에 풀렸던 돈은 다시 개인을 통해 은행으로 돌아온다. 개인은 은행에 돈을 저축하기도 하고 빌린 돈을 갚기도 한다. 은행에 모인 돈은 다시 한국은행으로 돌아가는데 은행들은 고객들에게 빌려주거나 고객이 되찾아 갈 최소한의 금액만 남겨 두고 한국은행에 입금해 안전하게 보관하는 것이다.

죽음을 기다리는 돈

한국은행은 은행에서 돌아온 화폐를 점검해서 다시 세상으로 보낼 것인지 폐기할 것인지 결정한다. 위조 화폐를 비롯해 너무 오래 되어 닳았거나 망가진 화폐는 사망 선고를 받게 된다. 1990년대 이전에는 사람이 검사했지만 요즘은

'자동 정사기'가 자동으로 검사한다. 1000장을 검사하는 데 33초가 걸린다고 한다.

사망 선고를 받은 화폐는 작은 조각으로 분쇄된 후, 커다란 덩어리로 압축된다. 압축된 덩어리는 소음 방지 패드나 건축 자재 등으로 재활용된다.

금융 문맹 탈출을 위한 경제 이야기

청소년 돈 스터디

ⓒ 서지원

초판 1쇄 펴낸날 2019년 12월 10일
초판 6쇄 펴낸날 2024년 6월 4일

지은이	서지원
편집장	한해숙
책임편집	신경아
디자인	최성수, 이이환
홍보	정보영, 박소현
마케팅	박영준, 한지훈
영업관리	김효순

펴낸이	조은희
펴낸곳	주식회사 한솔수북
출판등록	제2013-000276호
주소	03996 서울시 마포구 월드컵로 96 영훈빌딩 5층
전화	편집 02-2001-5822 영업 02-2001-5828
팩스	02-2060-0108
전자우편	isoobook@eduhansol.co.kr
블로그	blog.naver.com/hsoobook
페이스북	chaekdam
인스타그램	chaekdam

ISBN 979-11-7028-392-8

큐알 코드를 찍어서
독자 참여 신청을 하시면
선물을 보내 드립니다.

 책담　다른 내일을 만드는 상상